MW01708094

Un petit cadeau d'hiver
pour André, de ton
oncle Paul.
Février 2007

ATLAS DE LA TERRE

QUÉBEC AMÉRIQUE jeunesse

Données de catalogage avant publication (Canada)
Vedette principale au titre : Atlas de la Terre

Comprend un index.
Pour les jeunes de 8 à 12 ans.

ISBN 2-7644-0825-0

I. Terre – Encyclopédies pour la jeunesse. I. QA International (Firme).

QB631.4A84 2004 j550'.3 C2004-940928-X

L'*Atlas de la Terre* est une création de **QA Kids**,
une division des Éditions Québec Amérique inc.
329, rue de la Commune Ouest, 3e étage
Montréal (Québec) H2Y 2E1 Canada
T 514.499.3000 **F** 514.499.3010
www.quebec-amerique.com

©2005 Les Éditions Québec Amérique inc. Tous droits réservés.

Il est interdit de reproduire ou d'utiliser le contenu de cet ouvrage, sous quelque forme et par quelque moyen que ce soit — reproduction électronique ou mécanique, y compris la photocopie et l'enregistrement —, sans la permission écrite de l'éditeur.

Nous reconnaissons l'aide financière du gouvernement du Canada par l'entremise du Programme d'aide au développement de l'industrie de l'édition (PADIÉ) pour nos activités d'édition.

Conseil des Arts du Canada Canada Council for the Arts

SODEC Québec

Gouvernement du Québec – Programme de crédit d'impôt pour l'édition de livres – Gestion SODEC.

Les Éditions Québec Amérique bénéficient du Programme de subvention globale du Conseil des Arts du Canada. Elles tiennent également à remercier la SODEC pour son appui financier.

Imprimé et relié à Singapour.
10 9 8 7 6 5 4 3 2 1 10 09 08 07 06 05

Éditrice
Caroline Fortin

Directrice éditoriale
Martine Podesto

Rédactrice en chef
Johanne Champagne

Adjointes à la rédaction
Marie-Anne Legault
Stéphanie Lanctôt

Designer graphique
Éric Millette

Mise en pages
Jérôme Lavoie
Jean-François Nault

Directeurs artistiques
Anouk Noël
Marc Lalumière

Illustrateurs
Carl Pelletier
Rielle Lévesque
Jean-Yves Ahern
Alain Lemire

Documentaliste photos
Nathalie Gignac

Réviseur-correcteur
Claude Frappier

Consultant en géologie
Christian Levesque

Table des matières

L'histoire de la Terre

Née d'un nuage tourbillonnant de poussière spatiale il y a environ 4,6 milliards d'années, la Terre n'a pas toujours ressemblé à la planète que nous connaissons aujourd'hui. Le paysage terrestre s'est constamment modifié tout au long de son histoire : des continents et des océans se sont transformés, des espèces animales et végétales sont apparues puis ont disparu et ont été remplacées par d'autres. Cette fascinante évolution nous est révélée par les roches sédimentaires et leurs fossiles, véritables archives de notre planète.

NAISSANCE DE LA TERRE

Il était une fois une planète

Il y a 5 milliards d'années, notre Système solaire n'était qu'un immense nuage de gaz et de poussière. Sous l'effet d'un choc gigantesque, peut-être l'explosion d'une étoile voisine, ce nuage s'est contracté et s'est mis à tourner sur lui-même comme un tourbillon. Son centre est alors devenu de plus en plus chaud, compact et lumineux. C'est ainsi que naquit une jeune étoile, notre Soleil. Peu à peu, les résidus de poussières qui continuaient à tourner autour du Soleil se sont agglutinés pour former une multitude de cailloux. À force de se percuter, ces fragments de roche se sont assemblés jusqu'à former, il y a 4,6 milliards d'années, la Terre et les huit autres planètes du Système solaire. La Terre primitive était alors loin de ressembler à celle que nous connaissons aujourd'hui.

De la lave aux océans

Durant des centaines de millions d'années après sa formation, la Terre primitive fut constamment bombardée par des météorites, ces roches venues de l'espace. La jeune planète ne possédait alors ni atmosphère, ni océans, ni continents.

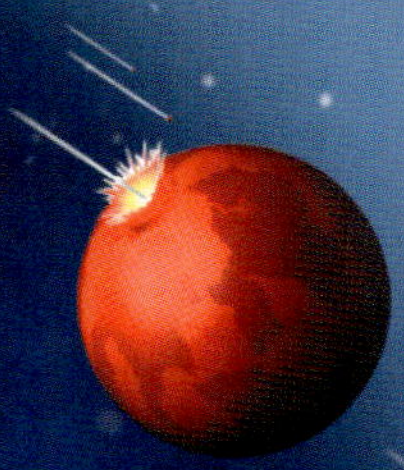

1. La jeune Terre était complètement recouverte d'une épaisse couche de lave brûlante, de la roche liquide de plusieurs kilomètres d'épaisseur. Elle ne possédait pas de croûte solide.

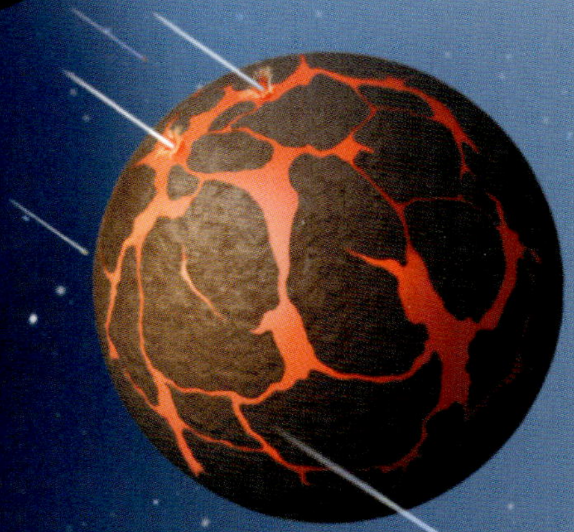

2. Peu à peu, la couche de lave qui recouvrait la surface de la planète se refroidit et donna naissance aux premiers morceaux de croûte terrestre.

De grosses cicatrices

La surface de la jeune Terre, bombardée par des météorites, était criblée de cratères semblables à ceux de la Lune. Puis les collisions sont devenues de moins en moins fréquentes. L'action de l'eau et du vent, entre autres, a fini par effacer la plupart des cicatrices, mais les plus récentes subsistent toujours. Un cratère d'un diamètre de 200 km vieux de 65 millions d'années a été découvert au large du Mexique. Certains scientifiques croient que l'énorme météorite qui l'a creusé aurait contribué à la disparition des dinosaures !

3. Avec le temps, une croûte primitive finit par recouvrir entièrement la planète. Les nombreux volcans qui marquaient alors sa surface crachaient dans le ciel d'énormes quantités de vapeur d'eau et de gaz toxiques formant une atmosphère irrespirable.

4. En refroidissant, la vapeur d'eau contenue dans l'atmosphère primitive se transforma en épais nuages. Puis, durant des milliers d'années, une pluie torrentielle s'abattit sur la Terre. Ce déluge est à l'origine du premier océan.

1. Précambrien
(4 600–543 millions d'années)
Il y a environ 3,5 milliards d'années, les premiers organismes microscopiques apparaissent dans l'océan.

2. Cambrien
(543–488 millions d'années)
Les premiers invertébrés se développent dans les océans. Ce sont des animaux au corps mou, parfois dotés d'une coquille ou d'une carapace, comme ces trilobites.

3. Ordovicien
(488–444 millions d'années)
Les poissons, tels que l'agnathe, voient le jour. Ce sont les premiers vertébrés, des animaux dotés d'une colonne vertébrale.

4. Silurien
(444–416 millions d'années)
Les poissons se développent et se multiplient. Certaines algues s'adaptent peu à peu à la terre ferme. Ce sont les premières plantes terrestres.

5. Dévonien
(416–359 millions d'années)
Les premiers amphibiens, tels que l'ichtyostéga, sortent de l'eau. Les insectes apparaissent également sur les continents, alors recouverts de grandes fougères.

6. Carbonifère
(359–299 millions d'années)
Les reptiles font leur apparition dans d'immenses marécages et des forêts de conifères. Certains insectes, tels que la libellule, développent des ailes.

7. Permien
(299–251 millions d'années)
Le climat s'assèche et les reptiles se multiplient au détriment des amphibiens. Le premier reptile aquatique, le mésosaure, nage dans les eaux peu profondes.

8. Trias
(251–200 millions d'années)
Les dinosaures font leur apparition. Les mammifères voient également le jour, mais la plupart ne sont pas plus gros que des souris.

Animaux fabuleux

Les Anciens ont imaginé de nombreuses légendes mettant en scène des créatures mythiques comme les sirènes, les centaures et les licornes. Leurs histoires sont souvent inspirées des restes d'animaux disparus depuis longtemps. Par exemple, la légende des dragons est probablement née suite à la découverte d'os géants de dinosaures !

Les grandes étapes de l'évolution
Les scientifiques ont divisé l'histoire de la Terre en grandes périodes marquées par l'apparition ou la disparition d'animaux et de végétaux. Au cours du temps, des êtres vivants très différents se sont succédés. Par exemple, le développement d'une colonne vertébrale a permis à certains animaux de nager plus efficacement. Ces premiers vertébrés qui n'ont pas tardé à envahir toutes les mers étaient les poissons. Certains poissons ont peu à peu développé des poumons et des pattes pour conquérir la terre ferme. Ils étaient les premiers amphibiens, capables de vivre sur terre et dans l'eau. Voici les grandes périodes géologiques correspondant aux grandes étapes de l'évolution de la vie.

L'explosion de la vie

Moins d'un milliard d'années après la formation de la Terre, les premières formes de vie firent leur apparition dans les mers chaudes de la jeune planète. Ces micro-organismes ressemblaient aux bactéries modernes. Peu à peu, les premières algues et les premiers animaux microscopiques envahirent les océans. En utilisant le gaz carbonique et l'énergie du Soleil pour fabriquer leur nourriture, les algues produisirent un gaz, l'oxygène, qui commença à s'accumuler dans l'atmosphère primitive. Une partie de cet oxygène se transforma en une couche de gaz, l'ozone, qui protège les êtres vivants contre les dangereuses radiations du Soleil. C'est la révolution biologique ! Les animaux et les plantes se complexifièrent, se diversifièrent, envahirent les océans et les continents, et modifièrent le visage de notre planète. Ainsi, l'histoire de la Terre et l'histoire de la vie sont étroitement liées…

9. Jurassique
(200–146 millions d'années)
Les dinosaures dominent le monde. Certains reptiles se transforment en oiseaux. Les premières plantes à fleurs apparaissent.

10. Crétacé
(146–66 millions d'années)
Les plantes à fleurs se diversifient. À la fin de cette période, les trois quarts des espèces disparaissent, dont les dinosaures, probablement suite à la chute d'une énorme météorite.

11. Paléogène
(66–23 millions d'années)
Les petits mammifères profitent de la disparition des dinosaures. Ils grossissent et se diversifient. Les premiers grands singes voient le jour.

12. Néogène
(23 millions d'années à aujourd'hui)
Les mammifères et les oiseaux deviennent des groupes importants, et les premiers humains font leur apparition.

Les archives de la Terre

Pour remonter dans le temps et reconstituer l'histoire de la vie, les scientifiques étudient les fossiles, des indices laissés par des êtres vivants depuis longtemps disparus. Une empreinte de feuille, la trace d'un pas, un squelette de dinosaure ou un insecte piégé dans l'ambre (de la résine durcie de conifères) sont des exemples de fossiles. En plus d'apporter la preuve que la vie existe sur Terre depuis très longtemps, ces témoins du passé révèlent comment les diverses formes de vie ont évolué et se sont transformées avec le temps. Ils aident ainsi les paléontologues, des scientifiques spécialisés dans l'étude des fossiles, à reconstituer les grandes étapes de l'histoire de la vie et à mieux connaître les plantes, les animaux et même les paysages qui l'ont marquée.

Un fossile vivant !

La plupart des animaux préhistoriques sont aujourd'hui disparus et ne subsistent que sous forme de fossiles. Il existe pourtant quelques exceptions, dont la plus spectaculaire est le cœlacanthe, un poisson primitif apparu il y a 350 millions d'années. Les scientifiques le croyaient disparu depuis longtemps jusqu'à ce que, en 1938, ils le découvrent vivant au large de l'Afrique du Sud !

LA FORMATION D'UN FOSSILE

Les sédiments sont constitués de débris de toutes sortes qui se déposent continuellement au fond de l'eau. Avec le temps, plusieurs couches superposées de sédiments se forment, durcissent et se transforment en roche sédimentaire. Chaque couche peut contenir des fossiles appartenant à une époque précise. Voici, en trois étapes principales, la formation d'un fossile.

Voir activité p. 75

1. Un mollusque meurt au fond de l'eau. Son corps est vite décomposé mais sa coquille, plus dure, est conservée.

2. Peu à peu, les sédiments recouvrent la coquille et durcissent. La coquille est ainsi emprisonnée dans la roche sédimentaire.

3. Après des millions d'années, les mouvements de la croûte terrestre ou les fouilles des paléontologues ramènent parfois le fossile à la surface.

L'âge des fossiles

Pour déterminer l'âge des fossiles en l'absence de documents écrits, les scientifiques ont recours à certaines méthodes. La plus simple de ces méthodes de datation se fonde sur l'observation des différentes couches de sol. Au fil du temps, les sédiments plus anciens sont ensevelis sous d'autres, formant une accumulation de couches, appelées strates, caractéristiques d'une époque. En principe, la couche la plus récente se trouve sur le dessus. Ainsi, plus un fossile est enfoui profondément, plus il est âgé. Lorsque des accidents géologiques renversent les strates, on suppose que des couches contenant les mêmes fossiles sont de la même époque.

L'intérieur de la Terre

Il règne à l'intérieur de notre planète des conditions de pression et de température si extrêmes qu'elles sont difficiles à imaginer. C'est dans ce milieu encore mystérieux que la matière est transformée en une multitude de roches et de minéraux. Recyclées par la nature et soumises à de longs processus de transformation qui s'étendent sur des millions d'années, les roches changent constamment. En plus de donner couleur et texture aux paysages terrestres, les roches et les minéraux sont intimement liés à la vie quotidienne puisqu'ils entrent dans la composition de nombreux objets.

Au cœur de la Terre

Nous ne voyons de la Terre que la mince couche de roche qui la recouvre. Cette couche rocheuse, appelée croûte terrestre, constitue les continents et le fond des océans. Elle ne représente en fait qu'une toute petite portion du globe. Si on comparait notre planète à un œuf, l'épaisseur de la croûte correspondrait à celle de la coquille. On connaît les roches qui reposent à la surface de la planète et celles qui proviennent des volcans, mais personne n'a jamais réussi à voir ce qui se trouve sous l'écorce terrestre. Pourtant, les scientifiques savent maintenant de quoi se compose l'intérieur de la Terre. En étudiant la propagation des ondes qui accompagnent les tremblements de terre, ils ont remarqué que ces ondes ne se comportaient pas de la même façon selon les matériaux qu'elles traversaient.

La structure interne de la Terre
Les scientifiques ont réussi à déterminer la structure interne de la Terre. Ils ont découvert que notre planète était constituée de plusieurs couches distinctes.

Le noyau interne
Situé au centre de la Terre, le noyau interne, ou graine, mesure environ 2 400 km de diamètre. Il est constitué de fer et de nickel solides malgré la température très élevée (il y fait aussi chaud qu'à la surface du Soleil, soit plus de 6 000 °C).

Le noyau externe
Cette couche très chaude mesurant environ 2 300 km d'épaisseur est formée principalement de deux métaux liquides, le fer et le nickel. Les mouvements de cette couche métallique créent une énergie électrique responsable du champ magnétique qui entoure la Terre.

Un gros aimant

La Terre est un gigantesque aimant. En effet, notre planète est entourée d'une force invisible, le champ magnétique. Ce champ magnétique, appelé magnétosphère, est capable d'orienter l'aiguille d'une boussole. Les scientifiques croient que le mouvement des métaux liquides du noyau externe engendre cette force. La magnétosphère joue le rôle d'un bouclier capable de repousser les particules nocives en provenance du Soleil. Avec l'atmosphère, cette enveloppe de gaz qui entoure la planète, la magnétosphère rend la vie sur Terre possible.

La croûte

La croûte, ou écorce terrestre, est une couche de roche qui recouvre la planète. Son épaisseur varie entre 10 et 70 km selon les endroits. La croûte continentale, qui forme les continents, est plus épaisse que la croûte océanique, surtout sous les chaînes de montagnes.

Le manteau

Le manteau est une épaisse couche de roche visqueuse située directement sous la croûte. Il y fait si chaud (entre 1 200 °C et 3 000 °C) que la roche fond à certains endroits. L'immense chaleur du manteau est à l'origine des éruptions volcaniques, de certains tremblements de terre et de la lente dérive des continents. Avec son épaisseur d'environ 2 900 km, le manteau constitue la plus grosse portion de notre planète.

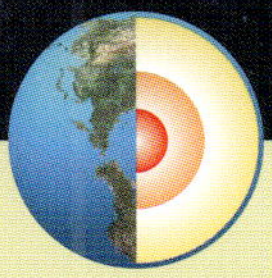

Voyage au centre de la Terre

Le trou le plus profond jamais creusé par l'humain est le forage de Kola, en Russie. Malgré ses quelque 12 km de profondeur, il ne représente qu'une simple égratignure à la surface de la Terre. Pour atteindre le centre de notre planète, situé à plus de 6 000 km de profondeur, il faudrait creuser jour et nuit pendant près de 12 ans à la vitesse fulgurante de 1 m/min. Même avec du courage et de la patience, la tâche demeure impossible vu la chaleur intense qui règne sous terre !

Sous nos pieds

Le sol sur lequel nous marchons grouille de vie ! Il héberge des plantes, des champignons, des petits animaux fouisseurs comme les taupes et les vers de terre ainsi qu'une multitude de créatures microscopiques. Avec les champignons, ces micro-organismes décomposent les plantes et les animaux morts et les transforment en humus, un engrais naturel qui enrichit le sol. Des phénomènes naturels comme l'écoulement de l'eau et le vent effritent les rochers environnants, ajoutant au sol de petits cailloux et des minéraux. Enfin, le sol contient de l'eau et de l'air, essentiels à la bonne santé des organismes qui y vivent. Sans la présence d'un sol souple, humide et nourrissant, les végétaux ne pourraient pas pousser. Et sans végétation, notre atmosphère serait irrespirable puisque ce sont les plantes vertes qui libèrent dans l'air l'oxygène que nous respirons ! Bref, les continents seraient presque sans vie s'ils n'étaient pas partiellement recouverts d'un sol !

La détérioration du sol

Il faut parfois plus d'un siècle aux facteurs naturels comme l'eau, le vent et l'activité des micro-organismes pour produire une couche de sol d'un seul centimètre d'épaisseur. Mais il suffit de quelques années de mauvaise utilisation par les humains pour qu'elle soit complètement détruite. De nombreux produits chimiques comme les pesticides et les déchets des industries nuisent aux organismes du sol. Le fait de cultiver la même plante année après année finit par épuiser le sol de ses minéraux essentiels. Couper tous les arbres d'une forêt est une autre pratique très dommageable pour le sol qui se voit privé des racines qui le retenaient. Devenu très fragile, le sol est alors facilement emporté par le vent ou la pluie. L'être humain a le pouvoir de préserver ou de détruire les sols de sa planète.

Petits laboureurs

Le ver de terre, ou lombric, contribue énormément à la bonne santé du sol. Il creuse une multitude de tunnels à la vitesse de 30 cm/min. En plus de disperser les éléments nutritifs dans le sol, ces tunnels permettent à l'eau et à l'air de bien circuler. De plus, le lombric avale chaque jour trois fois son poids en terre. Il la digère et la rejette ensuite sous forme de déjections nourrissantes pour les plantes. Ainsi, à certains endroits, la surface du sol est principalement constituée d'excréments de vers !

LES COUCHES DE SOL

Le sol varie beaucoup selon le climat, la forme du terrain et la végétation qui le recouvre. Autant le sol des forêts est généralement épais et riche en humus, autant celui des montagnes est mince. Malgré les différences observées d'un sol à l'autre, les spécialistes ont identifié plusieurs couches distinctes, appelées horizons, communes à chacun.

Horizon 0
La première couche de sol comprend beaucoup d'animaux et de racines de plantes. Elle est principalement formée d'humus, cette matière riche qui se reconnaît facilement à sa couleur noire.

Horizon A
La deuxième couche de sol se compose d'une terre sombre et fertile, riche en humus.

Horizon B
Plus pauvre en humus que les couches qui le recouvrent, cet horizon, aussi appelé sous-sol, est riche en petites particules minérales essentielles à la croissance des végétaux.

Horizon C
Dépourvue d'humus, cette couche de sol est constituée de roche grossièrement fragmentée provenant de la couche qui se trouve en dessous.

Horizon D
Cette couche, appelée roche mère, est la base rocheuse du sol. La roche mère est peu à peu concassée sous l'action de phénomènes naturels tels que l'écoulement de l'eau, le gel ou le passage de glaciers, ce qui libère des minéraux dans les autres couches.

Planète de roches

La croûte terrestre est entièrement formée de roches variées. Même si elles semblent solides et indestructibles, les roches changent constamment au fil du temps. Elles se forment, se déforment et se transforment sans cesse, s'enfonçant dans les profondeurs de la Terre et en ressortant à nouveau. Les roches sont ainsi recyclées par la nature et soumises à de lents processus de transformation, fort complexes, selon un cycle qui peut s'étaler sur des millions d'années ! Certaines roches, comme les toutes premières qui sont apparues sur la Terre, se forment à partir du magma, cette roche liquide et brûlante qui compose le manteau. D'autres se forment plutôt à partir de roches préexistantes.

Origine des roches
Plusieurs roches naissent dans les profondeurs de la Terre à partir de magma refroidi et durci. Ce sont les roches magmatiques, ou ignées. En surface, les roches sont lentement émiettées et transportées par le vent, la glace et l'eau. Les fragments rocheux se déposent en couches superposées au fond des cours d'eau, des lacs ou des océans où ils se combinent aux débris d'animaux et de végétaux. Avec le temps, ces débris s'agglutinent, durcissent et forment des roches sédimentaires. Il arrive que des roches magmatiques et sédimentaires s'enfoncent dans le sol où elles sont chauffées et déformées par le mouvement et le poids de la croûte. Elles sont ainsi complètement transformées en roches dites métamorphiques.

UNE DIVERSITÉ EXTRAORDINAIRE

Les roches sont des assemblages de minéraux, des substances non vivantes produites par la nature. Les roches les plus variées peuvent être regroupées en trois grandes catégories : magmatiques, sédimentaires et métamorphiques.

Granite
Le granite est une roche magmatique claire, extrêmement dure et résistante. Le granite rose est souvent utilisé dans la construction de monuments.

Calcaire
Le calcaire est une roche sédimentaire formée au fond de l'eau et constituée en grande partie de débris de coquillages. Pour cette raison, les calcaires renferment souvent des fossiles.

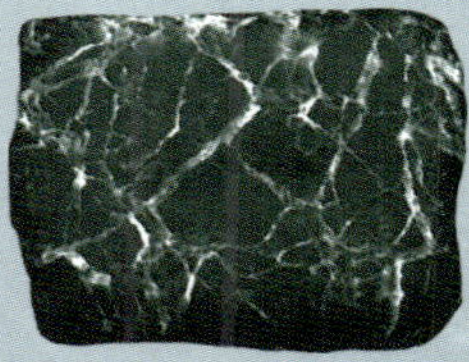

Marbre
Sous l'effet de la chaleur ou de la pression, le calcaire se transforme en marbre, une roche métamorphique de grande valeur, couverte de motifs sinueux de couleurs variées.

Basalte
Le basalte est une roche magmatique qui se forme lorsque le magma remonte vers la surface, sort par la bouche des volcans sous forme de lave et durcit rapidement au contact de l'air ou de l'eau.

Ardoise
L'ardoise est une roche métamorphique noire, grise ou verte. Comme elle se découpe facilement en feuilles, on l'utilise, entre autres, pour recouvrir des toits et pour fabriquer des tableaux d'écoliers.

Sel gemme
Le sel gemme est une roche sédimentaire blanche et friable qui se forme lorsque l'eau de mer s'évapore en laissant un dépôt de sel. On l'utilise parfois comme sel de table dans la cuisine.

Une roche qui flotte !

La pierre ponce est une roche claire et friable souvent utilisée pour adoucir la peau des pieds. C'est une roche magmatique criblée de petits trous provenant des gaz contenus dans la lave qui l'a formée. Avec sa texture spongieuse, la pierre ponce est si légère qu'elle peut flotter sur l'eau !

Petits joyaux

En remontant des profondeurs de la planète vers la surface, le magma refroidit. Des cristaux se forment alors dans cette roche liquide, un peu comme la pluie qui se change en cristaux de neige avec le froid. C'est ainsi que se forment la plupart des minéraux. Avec le temps, leur structure peut se transformer s'ils sont soumis à de fortes pressions ou de hautes températures, produisant ainsi de nouvelles espèces minérales. De nos jours, plus de 3 500 minéraux différents ont été découverts. La plupart d'entre eux se combinent pour former des roches. Certains minéraux, extrêmement beaux et rares, sont utilisés dans la création de bijoux. Ce sont les gemmes, une famille qui compte quelque 50 pierres semi-précieuses et 4 pierres précieuses : le diamant, le rubis, le saphir et l'émeraude.

Perle rare

Contrairement aux autres gemmes, la perle ne provient pas d'une roche, mais bien d'un animal ! En effet, ces petites billes dures et brillantes sont surtout produites par les huîtres perlières. Une perle se forme lorsqu'un corps étranger, comme un grain de sable, se faufile dans la coquille d'un mollusque. L'animal se défend alors en sécrétant une substance, appelée nacre, qui enrobe de plusieurs couches le corps irritant. Près de 1 huître sur 100 cache une perle !

Les minéraux au quotidien
Les minéraux des roches nous sont indispensables. Ils sont à la base d'un grand nombre d'objets et de matériaux qui nous entourent. Par exemple, la calcite présente dans la roche calcaire est utilisée pour fabriquer du ciment et l'asphalte des rues. Les minéraux qui composent l'argile sont employés pour produire de la céramique, des briques et de la poterie. On retrouve de la fluorite dans le dentifrice, du graphite dans les crayons à mine, du talc dans les cosmétiques et de la silice dans le verre, les miroirs et les puces d'ordinateurs. D'autres minéraux sont utilisés dans la confection de bijoux.

L'IDENTIFICATION DES MINÉRAUX

Les géologues sont les scientifiques qui étudient les matériaux constituant la Terre. Pour reconnaître et classifier les minéraux des roches, ils étudient plusieurs de leurs caractéristiques comme la dureté, la transparence, la forme et la structure, la couleur, le trait et l'éclat.

La dureté
Il est possible de reconnaître un minéral à sa dureté. Certains minéraux, comme le talc, sont tendres et peuvent être rayés par un ongle. D'autres minéraux, à l'inverse, sont extrêmement durs. C'est le cas du diamant, qu'il est impossible de rayer même avec un canif !

La transparence
On peut reconnaître un minéral à sa transparence. Certains quartz, par exemple, sont complètement transparents. On peut, par conséquent, voir à travers. D'autres minéraux, comme le cuivre, sont opaques. Il est donc impossible de voir à travers.

La forme et la structure
Plusieurs minéraux sont reconnaissables à leur apparence extérieure ou à leur structure interne. Les cristaux d'argent ont une forme arborescente, c'est-à-dire qui ressemble à des branches. L'hématite, de son côté, est souvent formée de petites boules. Enfin, la pyrite possède une structure interne en forme de cube, alors que celle de l'émeraude est hexagonale.

La couleur
Certains minéraux sont identifiables au premier coup d'œil grâce à leur couleur. La malachite, par exemple, est toujours verte. Par contre, d'autres minéraux, comme le quartz, présentent une grande variété de teintes, entre autres le blanc et le rose.

La couleur du trait
Si la couleur d'un minéral n'est pas toujours un indice fiable, la couleur de son trait l'est beaucoup plus. Le trait est une ligne poudreuse laissée par un minéral frotté sur une plaque de porcelaine. Un minéral qui existe dans une grande variété de couleurs possède généralement une seule couleur de trait.

L'éclat
L'éclat est le scintillement et la réflexion de la lumière sur le minéral. Certains minéraux, comme l'or, ont un éclat brillant et métallique alors que d'autres, comme le quartz, ont un éclat vitreux. Enfin, d'autres, comme le jade, ont un éclat gras, comme s'ils étaient recouverts de graisse.

Trésors enfouis au creux des roches

Certains matériaux de la croûte terrestre sont extrêmement utiles aux humains qui n'hésitent pas à creuser à des centaines voire des milliers de mètres sous le sol pour les trouver. Ce sont les métaux, tels que l'or, le fer et l'aluminium, et les combustibles fossiles tels que le charbon, le pétrole et le gaz naturel. Alors que les combustibles constituent des sources d'énergie précieuses, les métaux fournissent des matériaux de grande valeur. Ces derniers sont souvent cachés à l'intérieur de roches, appelées minerais, où ils sont combinés à d'autres éléments. De nos jours, des méthodes d'extraction très avancées permettent d'obtenir une grande variété de métaux. Malheureusement, l'extraction des métaux et des combustibles fossiles du sous-sol de notre planète ne se fait pas sans bouleverser l'équilibre des habitats naturels.

La formation des combustibles fossiles

De très grandes quantités de plantes terrestres ou de petits organismes marins sont parfois ensevelis dans les sédiments. Avec le temps, ces organismes s'enfoncent dans les profondeurs de la croûte où ils sont chauffés par la chaleur de la Terre et compactés sous son poids. Au bout de millions d'années, ces restes de plantes et d'animaux morts se transforment en combustibles fossiles ! Les forêts ensevelies il y a des millions d'années deviennent du charbon, alors que le pétrole et le gaz naturel sont des restes d'organismes marins microscopiques. Ces combustibles extrêmement inflammables sont utilisés pour le chauffage, la production d'électricité et servent de carburant dans les véhicules motorisés comme les voitures.

DES MINÉRAUX UTILES

La plupart des métaux sont durs, brillants et solides. Ils sont aussi de bons conducteurs de chaleur et d'électricité. Les métaux sont souvent combinés sous forme d'alliages. Par exemple, en mélangeant le cuivre et l'étain on obtient le bronze, un alliage encore plus solide et résistant que les deux métaux pris séparément. Grâce à leurs nombreuses qualités, les métaux connaissent plusieurs applications.

Aluminium
À la fois léger et solide, l'aluminium sert, entre autres, à la fabrication d'avions, de voitures, d'emballages et de disques compacts. On l'extrait d'un minerai appelé bauxite.

Argent
L'argent est un métal malléable qui se travaille facilement. On s'en sert en photographie et pour créer des bijoux, des ornements, des pièces de monnaie et des équipements électriques.

Or
Malléable comme l'argent, l'or est utilisé dans la fabrication de bijoux et de pièces de contact d'appareils électriques. Comme il est rare, il possède une grande valeur.

Cuivre
Le cuivre est un excellent conducteur d'électricité. Il sert à la fabrication de casseroles, de tuyaux, d'instruments de musique et de fils électriques.

Fer
Solide et malléable, le fer est le métal le plus utilisé au monde. On en fait de l'acier, un alliage solide très prisé dans la fabrication des ponts. On extrait le fer de minerais comme l'hématite.

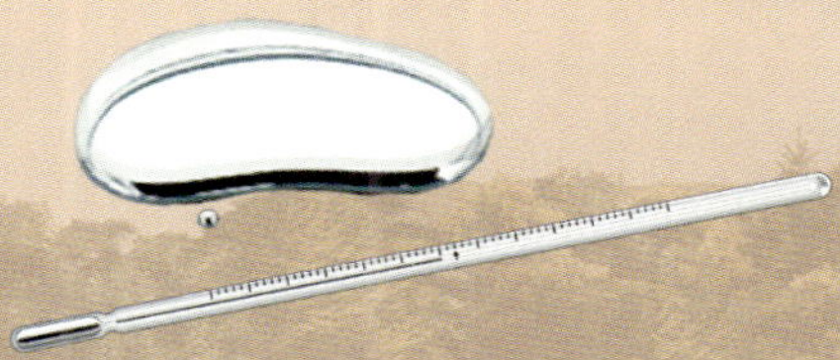

Mercure
Le mercure est le seul métal liquide à la température ambiante. Comme il augmente de volume avec la chaleur, on l'utilise souvent dans les thermomètres.

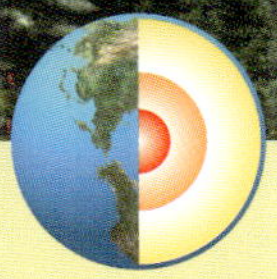

Fabriquer de l'or

Plusieurs alchimistes du Moyen Âge rêvaient de transformer un métal ordinaire comme le plomb en or ! Ils n'y sont, bien entendu, jamais parvenus… De nos jours, même s'il est théoriquement possible de fabriquer de l'or, aucun physicien n'a encore réussi ! Et même si on réussissait à produire de l'or synthétique, le procédé de fabrication coûterait plus cher que la valeur de l'or véritable !

Des paysages à couper le souffle

Les paysages terrestres qui nous entourent se métamorphosent lentement. Au fil du temps, des montagnes naissent, des vallées se creusent, des pics montagneux s'arrondissent, des grottes se forment. Soumise au lent travail d'érosion de l'eau, du vent et du gel qui façonne des paysages d'une étonnante diversité, la surface de la Terre change constamment.

Les climats du monde

On appelle « climat » l'ensemble des conditions météorologiques qui caractérisent une région particulière. La température, le vent, l'humidité et les précipitations varient énormément d'un endroit à l'autre. En raison de la forme arrondie de la Terre, les différentes régions ne sont pas réchauffées également. Les zones situées de part et d'autre de l'équateur sont frappées directement par les rayons du Soleil et jouissent d'un climat chaud. Les régions situées près des pôles Nord et Sud reçoivent, elles, des rayons solaires moins directs de sorte que leur climat est froid. En déterminant le paysage, la flore et la faune d'un endroit donné, le climat influence les différents visages de notre planète. Malgré toutes les différences qu'on peut observer, de grandes régions partagent des climats très semblables. Ce sont les sept principales zones climatiques.

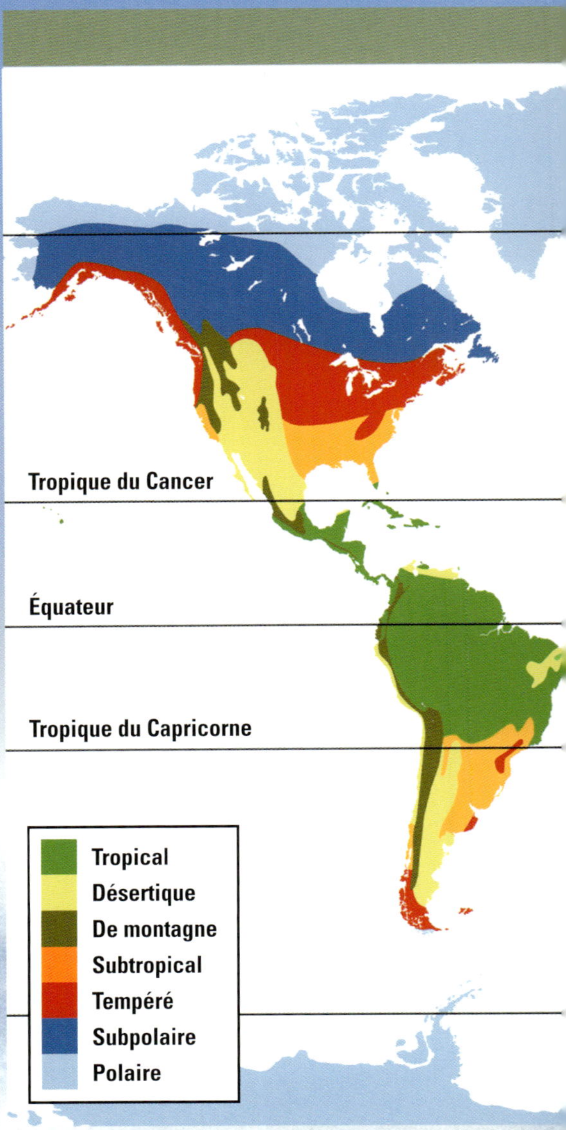

Chaud et froid

Notre planète connaît des écarts de température de plus de 90 °C. L'endroit le plus chaud de la Terre est Dallol, en Éthiopie, avec une température moyenne annuelle de 34,4 °C. L'endroit généralement le plus froid se trouve en Antarctique, à Polus Nedostupnosti, aussi appelé Pôle de l'Inaccessible, avec une température moyenne annuelle de –57,8 °C. Mais c'est Vostok, en Antarctique, qui détient le record de froid. Le 21 juillet 1983, le mercure atteignait –89,2 °C !

Climat tropical
La zone tropicale est située de part et d'autre de l'équateur. Il y fait très chaud à cause de l'ensoleillement constant dont ces régions bénéficient toute l'année. La température et l'humidité élevées favorisent le développement d'une forêt dense. Plus on s'approche des tropiques, plus le climat est sec.

Climat polaire
Près des pôles, il fait extrêmement froid et l'air est tellement sec que les chutes de neige sont rares. Au cœur du Groenland et de l'Antarctique, le sol est gelé en permanence et recouvert d'une épaisse calotte glaciaire.

LES ZONES CLIMATIQUES

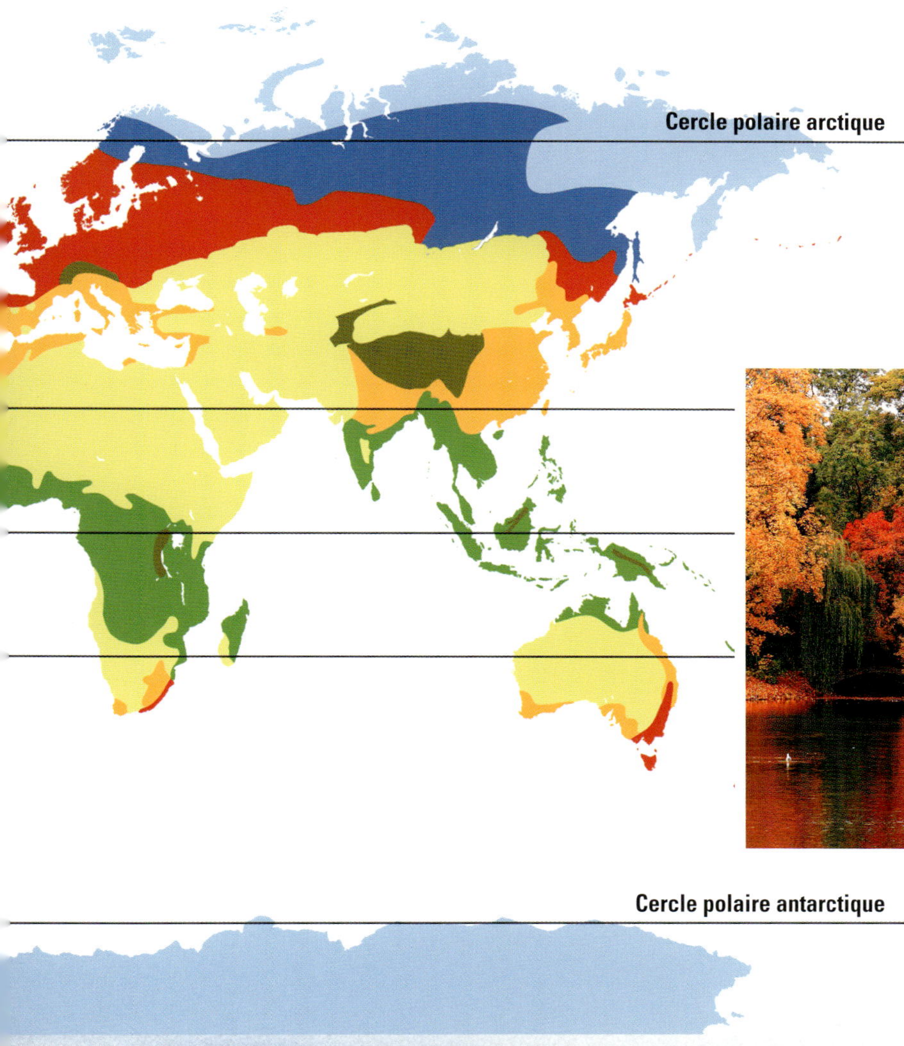

Climat subpolaire
Le climat subpolaire présente de très longs hivers froids, marqués par des tempêtes accompagnées de vents froids et puissants. Les étés sont courts et plutôt frais. Les précipitations, peu abondantes, surviennent surtout durant cette saison.

Climat tempéré
Le climat de la zone tempérée se caractérise par un temps variable et quatre saisons distinctes.

Climat de montagne
En région montagneuse, la température baisse et la végétation devient de plus en plus rare à mesure qu'on monte. Le climat dépend aussi du versant de la montagne. Dans les vallées alpines, le versant exposé au Soleil reçoit davantage de lumière et de chaleur que le versant opposé.

Climat subtropical
Le climat subtropical se distingue par des hivers doux, des étés très chauds et des précipitations abondantes.

Climat désertique
Le climat désertique est caractérisé par de faibles précipitations, un sol presque dépouvu de végétation et de grands écarts de température entre le jour et la nuit.

Les sculpteurs de paysages

Les paysages qui nous entourent ne sont pas éternels. Des phénomènes spectaculaires, comme les éruptions volcaniques ou les inondations, les bouleversent parfois du jour au lendemain. L'érosion constitue l'un des principaux mécanismes de transformation du relief terrestre. Le terme « érosion » vient du latin *erosio* qui signifie « action de ronger ». Il s'agit d'un lent processus d'usure, de transformation et d'aplanissement des roches et du sol. C'est un cycle qui commence lorsque des particules rocheuses sont progressivement arrachées à la surface de la croûte terrestre et transportées plus loin où elles s'accumulent parfois sous la forme de sédiments. Différents facteurs, comme la pluie et le vent, finissent par éroder les roches les plus dures. Au fil du temps, ces phénomènes naturels usent petit à petit le relief de la Terre et transforment ainsi les paysages.

Différents types d'érosion

L'écoulement de l'eau, le vent et le gel sont les principaux phénomènes naturels responsables de l'érosion. Par des procédés chimiques (en attaquant les minéraux) ou mécaniques (en usant la roche elle-même), ces agents d'érosion modifient le paysage. D'autres facteurs, comme les animaux et les plantes, contribuent aussi à modeler le relief terrestre. Par exemple, les racines des arbres s'insinuent dans les petites fissures rocheuses et, en grossissant, brisent la roche. L'homme peut également déclencher d'importants phénomènes d'érosion, notamment en construisant des routes ou en rasant des forêts, laissant le sol dénudé exposé au vent et à la pluie.

Érosion par les vagues

En frappant les côtes jour après jour, les vagues sculptent les falaises. Rendue fragile par l'action de l'eau et des sels marins, la roche se modifie. Comme les vagues grugent peu à peu leurs rochers, il arrive que les falaises s'effondrent. Parfois, les vagues emportent le sable des plages et la côte peut ainsi reculer de 2 m par an !

Érosion par un cours d'eau

En montagne comme en terrain plat, les cours d'eau creusent le sol en arrachant des matériaux sur les berges et au fond de leur lit. C'est l'érosion fluviale. Les pierres détachées roulent les unes sur les autres et se fragmentent. En se dirigeant lentement vers la mer, les particules ont un effet abrasif sur les rives, c'est-à-dire qu'elles les usent par frottement. C'est ainsi que les cours d'eau contribuent à creuser progressivement les vallées au fond desquelles ils coulent.

Érosion par les glaciers
En se déplaçant, les glaciers rabotent les pentes des montagnes. C'est l'érosion glaciaire. Au cours de leur descente, ces masses de glace emportent des fragments de roches, des cailloux et du sable, creusant une vallée sur leur passage.

Il pleut de l'acide !

L'eau de pluie forme un acide naturel en se mélangeant au gaz carbonique contenu dans l'air. Lorsque l'eau de pluie tombe sur le calcaire, elle dissout la roche et peut ainsi créer de gigantesques grottes. Dans les régions polluées, d'autres acides produits par des gaz industriels s'ajoutent souvent aux acides naturels. Les pluies acides grugent aussi les pierres des monuments anciens, ainsi que le granite des gratte-ciel modernes !

Érosion par le gel
Le volume de l'eau, soit l'espace qu'elle occupe, augmente d'environ 10 % lorsqu'elle gèle. Si cette transformation a lieu dans l'étroite fissure d'une roche, celle-ci subit une pression énorme qui peut la faire littéralement éclater. Les alternances de gel et de dégel provoquent la dilatation et la contraction de l'eau contenue dans les roches qui finissent par se fendre. C'est la gélifraction.

Érosion par infiltration
Le ruissellement de l'eau déplace des particules du sol et creuse des ravins. En s'infiltrant dans la terre, l'eau peut creuser des grottes et des rivières souterraines.

Érosion par l'eau de pluie
L'eau de pluie est chargée du gaz carbonique de l'atmosphère et parfois de gaz industriels, comme le dioxyde de soufre produit par la combustion des combustibles fossiles. En s'infiltrant dans le sol, elle modifie la composition des divers minéraux qui y sont présents. En surface et le long des fissures, la pierre est rongée. C'est l'érosion pluviale.

Érosion par le vent
L'action du vent est de première importance dans les régions sèches. Les particules rocheuses, la terre ou les grains de sable exposés au vent sont graduellement emportés. Le vent sculpte les roches, érode peu à peu les reliefs et modèle le sable sous forme de dunes. Il est responsable des grands déserts de la planète. Mais pour que le vent puisse agir, il faut que le terrain soit nu, comme dans les déserts et les plaines où les arbres ne peuvent amortir son action.

Des paysages étonnants

Aussitôt qu'un nouveau relief est formé, les agents d'érosion commencent leur travail de transformation. Lentement mais sans relâche, ils sculptent la roche pendant des millions d'années et remodèlent le visage de la Terre. Les agents d'érosion participent à la création des paysages les plus étonnants : montagnes arrondies, arches naturelles ou canyons vertigineux. Chaque relief terrestre est doté d'une histoire géologique particulière. Avec le temps, le phénomène de l'érosion finit par aplanir les reliefs jusqu'au niveau des mers.

Le Grand Canyon
Le Grand Canyon est une suite de gorges rocheuses qui traverse l'État de l'Arizona, aux États-Unis, sur près de 450 km. Son histoire remonte à une époque où des phénomènes géologiques ont surélevé le site de plus de 1 000 m. Il y a six millions d'années, le fleuve Colorado, qui coulait à la surface de ce haut plateau, commença à creuser son lit pour poursuivre sa route vers la mer. C'est ainsi qu'il sculpta graduellement de magnifiques gorges qui atteignent aujourd'hui 1,5 km de profondeur, et de 1,5 à 29 km de largeur.

Des montagnes disparues

Les plus vieilles montagnes du monde sont apparues il y a plus d'un milliard d'années. Au moment de leur formation, elles étaient probablement aussi hautes que les chaînes de montagnes les plus élevées d'aujourd'hui. Mais depuis, ces montagnes ont complètement disparu ! Le vent, la pluie et le gel leur ont arraché progressivement de petits fragments de roches. Elles se sont alors peu à peu arrondies jusqu'à devenir complètement plates. C'est le sort réservé à toutes les montagnes de la planète.

Vitesse d'érosion

Plusieurs facteurs influencent la vitesse à laquelle une roche se modifie. Un paysage s'érodera plus rapidement s'il contient une roche facilement dissoute par l'eau de pluie, telle que le calcaire. L'érosion causée par l'eau de ruissellement sera également rapide si la roche présente des fissures ou des petits trous. Les roches qui laissent pénétrer l'eau sont très vulnérables à son action. La vitesse d'érosion dépend aussi du climat. Un climat chaud et humide favorise l'érosion chimique des roches puisque les réactions modifiant leur composition se produisent en présence d'eau. À cause de l'alternance des périodes de gel et de dégel, un climat froid et humide accélère l'érosion par le gel.

L'ÉVOLUTION D'UN PAYSAGE

L'évolution du relief passe par plusieurs stades successifs qui s'échelonnent sur des millions d'années. Il en est ainsi des paysages fluviaux, les paysages transformés par l'érosion due aux cours d'eau.

1. Lorsque le paysage est fortement accidenté avec des montagnes aux pentes escarpées, l'érosion est très rapide. Les rivières et les fleuves creusent de profondes vallées en V et emportent vers la mer de nombreux débris rocheux.

2. Avec le temps, le paysage s'aplanit : les sommets des montagnes s'arrondissent et leurs pentes s'adoucissent. Après plusieurs millions d'années d'érosion, le paysage s'est complètement aplati.

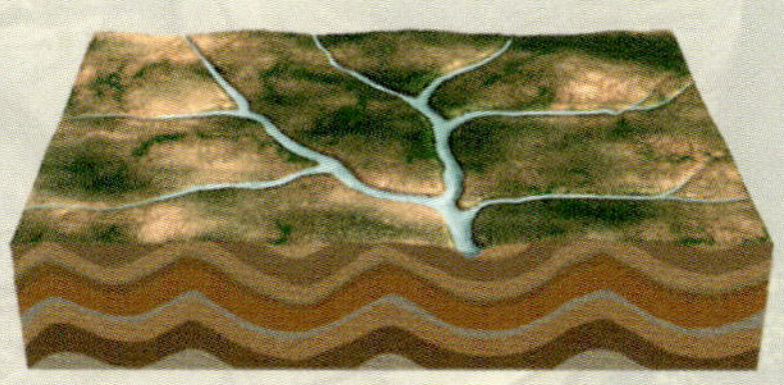

3. Divers phénomènes survenant sous l'écorce terrestre provoquent parfois une soudaine élévation de terrain. Dans ce cas, le relief redevient accidenté.

4. Le mouvement d'érosion peut alors recommencer : les cours d'eau creusent à nouveau des vallées de plus en plus profondes. En termes géologiques, on dit que le paysage est rajeuni.

Le voyage de l'eau

La planète Terre aurait pu s'appeler la planète « Eau » car plus des trois quarts de sa surface en sont recouverts ! La plus grande partie de l'eau de la Terre se trouve dans les océans, mais on en retrouve aussi dans les lacs, les rivières, les glaciers et à l'intérieur du sol. Enfin il s'en trouve dans l'air sous forme de vapeur invisible et de nuages. L'eau voyage sans relâche : réchauffée par le Soleil, elle s'évapore à la surface des cours d'eau, des mers et des lacs, c'est-à-dire qu'elle se transforme en vapeur et s'élève dans l'air. La vapeur refroidie se change alors en fines gouttelettes ou en minuscules cristaux de glace qui forment les nuages. L'eau retombe ensuite sur la Terre sous forme de précipitations. Elle tombe directement dans les cours d'eau ou pénètre dans le sol où elle s'écoule et finit par rejoindre la mer, d'où elle s'évapore à nouveau et recommence ainsi un nouveau cycle.

Des chutes vertigineuses

Le cours d'une rivière ou d'un fleuve est parfois accidenté. Des chutes spectaculaires peuvent se former à l'endroit où il rencontre une falaise ou une pente raide. Les chutes de Salto Ángel sur la rivière Churún, au Venezuela, sont les plus hautes du monde. Elles ont deux fois et demie la hauteur de l'Empire State Building, à New York, soit 979 m !

DE LA MONTAGNE À LA MER

Depuis leurs sources dans la montagne, les cours d'eau se rejoignent et forment des rivières de plus en plus grosses qui creusent le sol et la roche pour se frayer un chemin jusqu'à la mer.

1. Une partie de l'eau de pluie se faufile par des fissures ou de petits espaces compris entre les roches. L'eau descend en profondeur jusqu'à ce qu'elle rencontre une roche imperméable. Elle s'accumule alors pour former une réserve d'eau souterraine appelée nappe phréatique.

2. L'eau souterraine ressort parfois le long d'une pente ou par des fissures dans le sol sous forme de source. En montagne, la source dévale rapidement les pentes et se transforme en puissant torrent.

3. Au pied des montagnes, les ruisseaux et les torrents se rejoignent et forment une jeune rivière.

4. Les petites rivières se jettent dans des rivières plus grandes qui se réunissent à leur tour pour former des fleuves.

5. Plus le cours d'eau se rapproche de la mer, plus le terrain devient plat et son cours ralentit. Il se met parfois à serpenter en formant de grandes courbes appelées méandres.

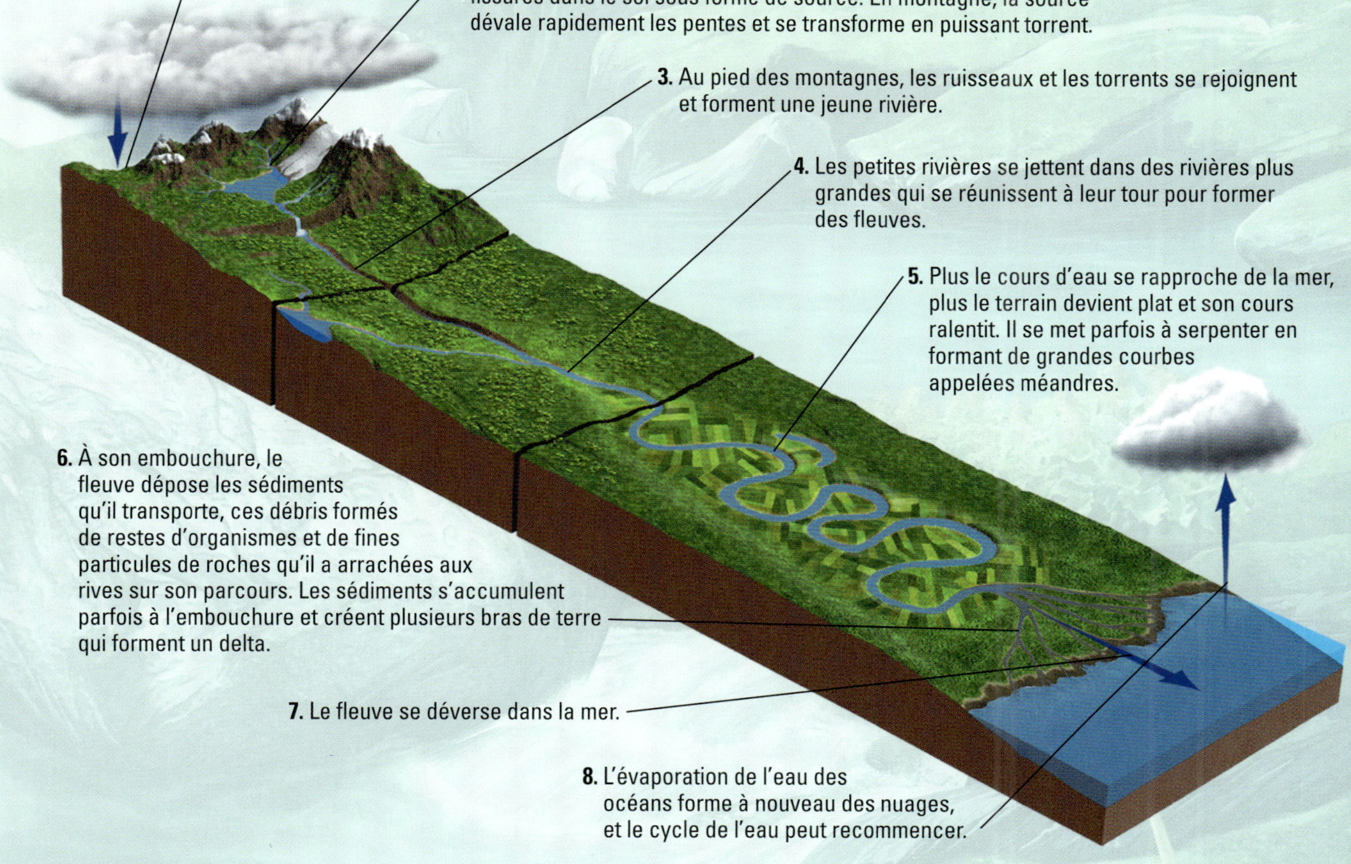

6. À son embouchure, le fleuve dépose les sédiments qu'il transporte, ces débris formés de restes d'organismes et de fines particules de roches qu'il a arrachées aux rives sur son parcours. Les sédiments s'accumulent parfois à l'embouchure et créent plusieurs bras de terre qui forment un delta.

7. Le fleuve se déverse dans la mer.

8. L'évaporation de l'eau des océans forme à nouveau des nuages, et le cycle de l'eau peut recommencer.

Paysages lacustres

Les eaux qui s'écoulent à la surface de la Terre se dirigent généralement vers la mer, mais il arrive qu'un obstacle ou un creux les empêchent de poursuivre leur chemin. Il se forme alors un bassin où l'eau s'accumule pour former un lac. La plupart des lacs contiennent de l'eau douce pauvre en sels minéraux. Certains toutefois sont salés. En effet, des lacs situés près de l'océan possèdent une grande quantité de sel car de l'eau de mer y pénètre. D'autres, situés en plein désert, sont extrêmement salés car leurs eaux s'évaporent constamment sous l'action du Soleil, de sorte que la quantité de minéraux qu'elles contiennent augmente peu à peu. Les lacs peuvent recevoir les eaux d'une ou de plusieurs rivières, appelées rivières affluentes ; privé de ses affluents, un lac s'asséchera rapidement. L'eau du lac s'écoule ensuite par une ou plusieurs autres rivières, appelées émissaires, qui poursuivent leur chemin vers la mer.

Le lac Baïkal

Le lac Baïkal, en Russie, est le lac le plus ancien et le plus profond du monde. À certains endroits sa profondeur est de plus de 1 640 mètres. Alimenté par plus de 330 rivières, il est aussi un des plus grands. Ce lac tectonique, dont la formation remonte à 25 millions d'années, héberge près de 1 300 espèces animales. Plusieurs d'entre elles, comme le phoque de Sibérie, ne vivent nulle part ailleurs. À lui seul, le lac Baïkal contient 20 % de l'eau douce contenue dans les lacs et rivières de la planète !

L'ORIGINE DES LACS

On peut classer les lacs selon leur mode de formation. L'origine d'un lac est souvent liée à celle de la cuvette dans laquelle ses eaux s'accumulent.

Lac glaciaire
Un lac glaciaire se forme lorsque l'eau de pluie ou l'eau de fonte d'un glacier s'accumule dans une cavité creusée par ce même glacier. Les débris de roches charriés par les glaciers forment parfois des barrages qui peuvent retenir l'eau et créer un lac.

Lac tectonique
Un lac tectonique apparaît lorsque les mouvements de la croûte terrestre forment, avec le temps, des plis et des failles dans lesquels s'accumule l'eau de pluie et de ruissellement. Ces types de lacs, souvent longs et étroits, sont aussi les plus profonds.

Lac volcanique
Un lac volcanique se forme lorsqu'un cratère de volcan retient l'eau de pluie. Ce type de lac se reconnaît généralement à ses rives abruptes et à sa forme arrondie.

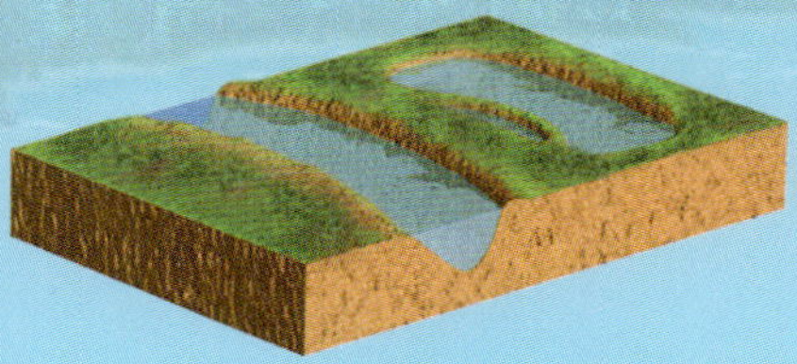

Bras mort
Des lacs apparaissent parfois aux abords des rivières et des fleuves, dans un méandre abandonné par son cours d'eau. Ils sont appelés bras morts.

Oasis
Une oasis apparaît dans le désert lorsque le vent gruge le sol au point d'exposer l'eau souterraine. Elle peut aussi se former lorsqu'une faille dans le sol désertique fait jaillir un cours d'eau souterrain.

Réservoir
Un réservoir est un lac artificiel dont les eaux sont souvent retenues par un barrage construit par les humains. Ce type de lac peut fournir une réserve d'eau pour arroser les terres agricoles ou pour produire de l'énergie hydroélectrique. Il peut aussi constituer une réserve d'eau potable.

Du lac au marais
À mesure qu'un lac vieillit, il se remplit peu à peu de sédiments constitués de restes d'organismes, de petites particules de roches et d'autres débris apportés par ses affluents. Il devient ainsi de moins en moins profond et son épais fond vaseux, riche en éléments nutritifs, stimule la croissance de la végétation aquatique. Envahi par les plantes, le lac finit par devenir un marais ou marécage, avant de disparaître complètement sous la végétation. Il peut ainsi être remplacé par de la terre ferme en quelques milliers d'années seulement. C'est pourquoi on dit parfois que la durée de vie d'un lac est très courte à l'échelle géologique.

Les sommets du monde

Arrondies ou surmontées de hauts pics, les montagnes sont les pièces maîtresses des paysages les plus saisissants de la planète. Elles constituent aussi les reliefs terrestres les plus élevés. Ces massifs aux pentes souvent raides se retrouvent généralement en bordure des continents et forment des chaînes qui peuvent s'étendre sur des milliers de kilomètres. Parmi les principales chaînes de montagnes qui marquent le relief de la Terre se trouvent les Rocheuses et les Andes, qui traversent l'Amérique du Nord et l'Amérique du Sud, ainsi que l'Atlas en Afrique, l'Himalaya en Asie et les Alpes en Europe. La plus longue chaîne de montagnes au monde s'étend au fond de l'océan sur plus de 65 000 km ! Aussi solides et imposantes qu'elles soient, les montagnes ne sont pas éternelles. Elles se forment et s'usent sans cesse.

De tous les âges

L'histoire de la Terre est marquée par trois grandes phases de formation des montagnes. La première s'est produite il y a plus de 400 millions d'années. Certaines chaînes de l'Est de l'Amérique du Nord en sont les vestiges. La deuxième remonte à environ 300 millions d'années. Elle a donné naissance aux Appalaches ainsi qu'à la plupart des massifs d'Europe et d'Asie centrale. Toutes ces montagnes sont qualifiées d'anciennes. On les reconnaît à leurs pentes douces et arrondies par l'érosion. Enfin, il y a à peine 50 millions d'années se sont formées les Alpes et la chaîne de l'Himalaya. Ces jeunes montagnes, encore en pleine croissance, se distinguent par leurs pentes abruptes et irrégulières.

LA FORMATION DES MONTAGNES

Les chaînes de montagnes se forment à la rencontre de deux plaques tectoniques, ces grands morceaux qui constituent le puzzle de la croûte terrestre. Ce processus est appelé orogenèse. On retrouve sur les continents deux principaux types de chaînes de montagnes. Le premier provient de la rencontre d'une plaque océanique et d'une plaque continentale, et le second naît de la collision de deux plaques continentales.

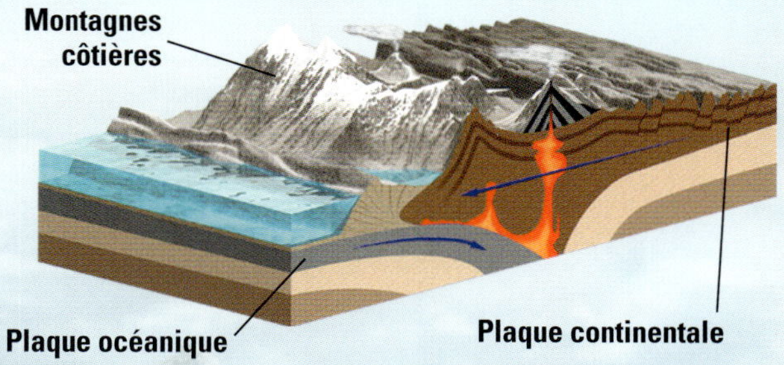

Entre une plaque océanique et un continent
Lorsqu'une plaque océanique rencontre un continent, elle se glisse sous ce dernier. Les roches et les sédiments sont alors arrachés et déposés en bordure des continents, créant de nouveaux reliefs. À mesure que la plaque océanique s'enfonce, le volume des roches et sédiments accumulés augmente et forme des montagnes côtières. La Cordillère des Andes, qui borde sur 10 000 km la côte ouest de l'Amérique du Sud, est un bel exemple de ce genre de chaîne dite de subduction.

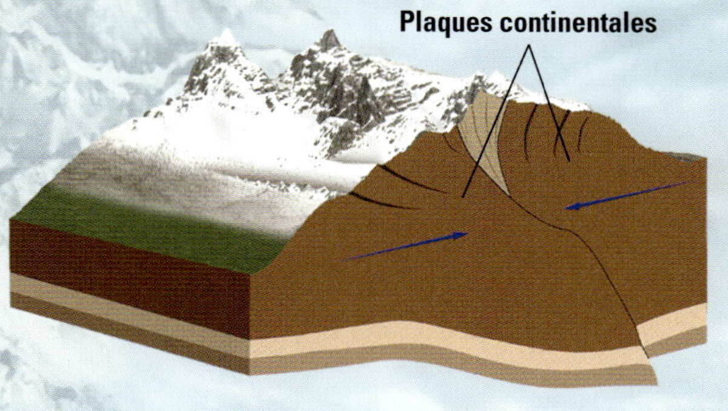

Entre deux plaques continentales
Certaines chaînes de montagnes se forment à la suite de la collision de deux plaques continentales. C'est le cas de la chaîne de montagnes de l'Himalaya qui est née de la collision de l'Inde et de l'Asie. Sous la pression, la croûte se plisse et est repoussée vers le haut, donnant naissance à une chaîne de collision.

Voir activité p. 75

De plus en plus hautes

La plus haute chaîne de montagnes au monde, l'Himalaya, est toujours en formation. Elle se soulève de quelques centimètres par année ! Comme l'érosion est plus lente que sa croissance, ses pics continuent de s'élever peu à peu.

Des galeries souterraines

Les grottes sont des cavités souterraines sculptées par divers agents naturels comme la pluie ou les vagues. On les retrouve à différents endroits comme le long des falaises qui surplombent la mer et dans certains glaciers. Mais ce sont surtout les sols riches en calcaire qui abritent les plus grands réseaux souterrains de grottes. Ces réseaux comportent souvent de longues galeries horizontales parcourues par des cours d'eau, ainsi que de profonds puits. Les cavités souterraines ne sont pas que des formations géologiques intéressantes. Elles fournissent aussi des abris à plusieurs animaux dont les chauves-souris. Beaucoup de grottes ont été découvertes à ce jour, mais un nombre encore plus grand reste à explorer, au grand bonheur des spéléologues, les spécialistes qui les étudient.

FORMATION D'UN RÉSEAU DE GROTTES

Plusieurs grottes prennent forme dans des sols riches en calcaire, une roche sédimentaire constituée principalement de carbonate de calcium ou calcite. Des dizaines de milliers d'années sont nécessaires pour que se forme une grotte de quelques mètres de largeur.

1. L'eau de pluie est naturellement acide car elle se mélange au gaz carbonique, un des gaz contenus dans l'air. En s'infiltrant dans le sol, l'eau dissout, ou désagrège, la roche calcaire sur son passage, ce qui a pour effet d'élargir lentement les fissures déjà présentes.

2. En s'écoulant lentement dans la roche, l'eau de pluie rejoint éventuellement un cours d'eau souterrain. En poursuivant son chemin, la rivière souterraine creuse ainsi des galeries qui s'agrandissent peu à peu.

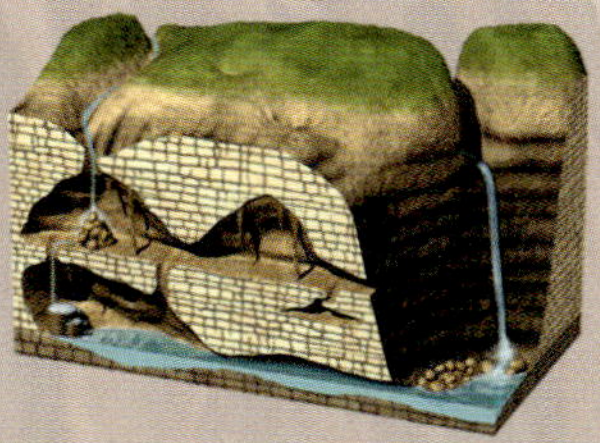

3. En continuant de creuser la roche, l'eau de pluie fait baisser progressivement le niveau du cours d'eau souterrain. Une deuxième galerie commence à se former alors que la première est complètement asséchée. Ainsi se forme un vaste réseau de galeries souterraines.

Stalactites et stalagmites
Dans certaines grottes, l'eau riche en calcite suinte des fissures de la voûte et dépose graduellement sur les parois les minéraux qu'elle contient. Avec le temps, l'accumulation de ces dépôts crée de très jolies sculptures naturelles, les stalagmites et les stalactites. Les colonnes de calcite qui se forment au plafond sont des stalactites. Celles qui s'élèvent du sol sont des stalagmites. Ces colonnes calcaires sont habituellement blanches comme la calcite. Elles peuvent aussi prendre d'autres teintes selon la composition du sol traversé par l'eau.

De très vastes réseaux

Les grottes s'organisent en réseaux souterrains qui peuvent s'étendre sur de très grandes distances. Le plus vaste ensemble du monde, le Mammoth Cave, se trouve aux États-Unis, dans l'État du Kentucky. Il contient plusieurs lacs et rivières souterrains. Il regroupe plus de 550 km de galeries dont 400 ont déjà été explorés.

Des fleuves de glace

Dans certaines régions froides de la planète, la neige ne fond pas : elle se tasse sous son poids, devient granuleuse et se transforme en glace au bout de plusieurs années. En descendant le long des pentes, la lourde glace forme des coulées qu'on appelle des glaciers. Le Groenland et l'Antarctique sont presque entièrement recouverts par de vastes calottes de glace. Ce sont des glaciers continentaux, aussi appelés inlandsis. Sur les plus hautes montagnes de la planète, on retrouve les glaciers alpins. Lors de la dernière période glaciaire, une période de froid qui a marqué l'histoire de la Terre, une couche de glace de plusieurs kilomètres d'épaisseur recouvrait presque 30 % de la surface du globe. Elle s'étendait sur près de la moitié de l'Europe et de l'Amérique du Nord. Avec le réchauffement graduel du climat, cette couche de glace a fondu. De nos jours, les calottes glaciaires et les glaciers ne recouvrent plus que 10 % des continents.

Des réserves d'eau douce

Près de 75 % de l'eau douce de notre planète se trouve emprisonnée dans la glace des calottes polaires, les calottes glaciaires que l'on retrouve au pôle Sud et au pôle Nord !

L'ÉROSION GLACIAIRE

Jour après jour, la neige qui tombe sur les glaciers des montagnes s'accumule et se transforme en glace. Le lourd glacier s'écoule le long du versant de la montagne où il envahit graduellement la vallée et transforme le paysage.

1. Au début, le paysage rocheux comprend une vallée en forme de V et des sommets aux formes arrondies. La neige s'accumule peu à peu, se compacte et se transforme en glace, donnant naissance à un glacier. La pression exercée par le poids du glacier fait fondre la glace qui se trouve à sa base. En glissant sur ce filet d'eau, il descend lentement la pente à la vitesse moyenne de 2 m/jour.

2. En descendant, le glacier envahit la vallée, arrachant sur son passage une grande quantité de roches et de débris qui rabotent les côtés et le fond de la vallée. Parvenu à une altitude où la température est plus chaude, le devant du glacier fond et libère les débris qui forment des dépôts appelés moraines. L'eau de fonte des glaciers s'accumule parfois en lacs, là où la moraine a formé des barrages.

3. En quelques milliers d'années, les glaciers, de plus en plus lourds, acquièrent une force d'érosion incroyable, ce qui leur permet de façonner le paysage. Le retrait du glacier laisse apparaître une vallée beaucoup plus large, en forme de U, et de nouveaux éléments de relief comme des montagnes aux sommets plus escarpés et un lac.

Des glaciers à la dérive

Lorsqu'un glacier atteint la mer, la force des vagues et des marées le brise en morceaux qui partent à la dérive. Ce sont les icebergs. Chaque année, le Groenland et l'Antarctique rejettent ainsi jusqu'à 150 000 icebergs à la mer. D'une superficie pouvant atteindre plusieurs centaines de kilomètres carrés, ces immenses blocs de glace ressemblent à de véritables îles de glace dont la plus grande partie se trouve sous l'eau. Les vents et les courants océaniques font dériver les icebergs vers le large. Des icebergs provenant de la région arctique ont été rencontrés aussi loin que dans les eaux des Bermudes ! Constamment soumis à l'action des vagues, du sel de mer et des rayons du Soleil, les icebergs finissent par fondre et disparaître.

Les colères de la Terre

En dérivant à la surface du globe comme des radeaux sur une mer agitée, les immenses plaques qui composent la croûte terrestre se heurtent les unes aux autres. C'est ainsi que se dressent peu à peu des montagnes et que s'ouvrent et se referment des océans. Les mouvements lents et continus des plaques sont aussi à l'origine des éruptions volcaniques et des tremblements de terre, les phénomènes les plus brutaux et les plus dévastateurs de la planète. À ces catastrophes naturelles s'ajoutent les inondations et les sécheresses qui apportent leur lot de calamités.

La valse des continents

La couche externe de la Terre est fragmentée en une douzaine de plaques principales qui portent chacune un continent ou une partie d'un océan, ou les deux. Ces plaques flottent sur le magma du manteau. Ce phénomène est à l'origine d'une théorie appelée tectonique des plaques. Selon cette théorie, les déplacements des plaques expliquent plusieurs reliefs de la surface terrestre. Ainsi, les océans sont créés lorsque deux plaques s'écartent l'une de l'autre et les chaînes de montagnes naissent de la collision entre deux plaques. La tectonique des plaques explique aussi la dérive des continents, une théorie proposée en 1912 par le scientifique allemand Alfred Wegener. Comme plusieurs observateurs avant lui, Wegener avait remarqué que les continents semblaient s'emboîter comme les pièces d'un puzzle. Il en déduisit qu'ils devaient provenir d'un seul continent morcelé dont les morceaux se seraient séparés avec le temps.

Un reptile comme preuve !

La présence de certaines roches et de certains fossiles de plantes et d'animaux sur différents continents a fourni des preuves concrètes de la dérive des continents. C'est le cas des fossiles du mésosaure qui ont été retrouvés en Amérique du Sud et en Afrique. Puisque le mésosaure était un petit reptile qui vivait dans l'eau douce, il est impossible qu'il ait pu traverser l'Atlantique ! L'existence de ces fossiles sur les deux continents maintenant éloignés confirmerait l'existence du supercontinent Pangée.

UNE PLANÈTE EN MORCEAUX

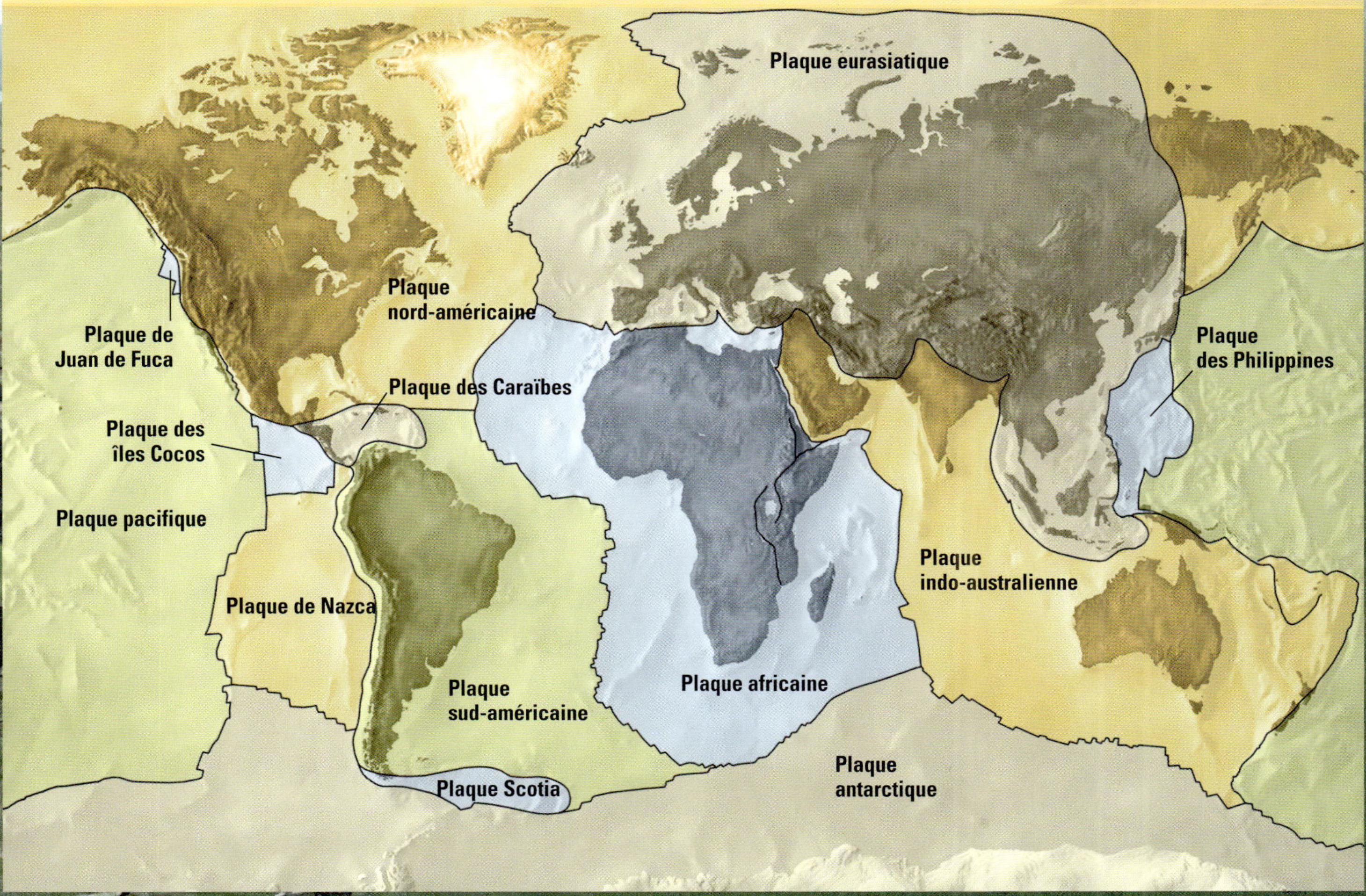

Un supercontinent

Il y a environ 250 millions d'années, toutes les terres de la planète étaient regroupées en un seul continent, la Pangée, entouré de l'océan Panthalassa. Peu à peu, une nouvelle mer, appelée Théthys, sépara la Pangée en deux masses continentales : Laurasie, au nord, et Gondwana, au sud. Des millions d'années plus tard, l'océan Atlantique se forma. Il divisait alors Gondwana en trois : Amérique du Sud, Afrique et une troisième masse regroupant l'Antarctique, l'Australie et l'Inde. Un peu plus tard, l'Atlantique divisa la Laurasie en deux : Amérique du Nord et Eurasie. Tous les continents étaient alors séparés sauf l'Australie qui se détacha plus tard de l'Antarctique. Aujourd'hui, les continents continuent de se déplacer. En s'élargissant peu à peu, l'océan Atlantique éloigne l'Europe et l'Afrique du continent américain d'environ 2 cm par année.

Des montagnes de feu

Il n'y a pas plus impressionnant que le spectacle d'un volcan en éruption ! Évidemment, ces montagnes de feu sont davantage associées à leur puissance de destruction et aux catastrophes qu'elles engendrent qu'à leur côté spectaculaire. La plupart des volcans naissent le long des fissures de la croûte terrestre. Ils sont les témoins de l'activité bouillonnante qui existe à l'intérieur de notre planète. On estime à 1 500 le nombre de volcans terrestres qui ont été actifs depuis 10 000 ans. Plusieurs volcans sont endormis, c'est-à-dire qu'ils n'ont pas été actifs depuis longtemps mais pourraient se réveiller à tout moment. Plus de 50 volcans actifs entrent en éruption chaque année sur les continents, projetant lave, cendres, gaz et roches de toutes tailles. Les éruptions volcaniques peuvent anéantir des forêts, détruire des cultures, ensevelir des villes et faire des milliers de victimes… Un nombre encore plus élevé de volcans entrent en éruption au fond des océans, mais la plupart de ces éruptions passent inaperçues.

DEUX TYPES D'ÉRUPTION

L'éruption d'un volcan peut être comparée à l'ouverture d'une bouteille de boisson gazeuse qu'on aurait secouée : ce sont les gaz, dissous dans le magma, qui déclenchent tout. Au cours de la remontée du magma, les gaz se libèrent et poussent vers le haut, augmentant la pression dans la cheminée. Dépendant de la consistance de leur magma, les volcans n'ont pas tous le même type d'éruption.

Volcan explosif
Dans un volcan explosif, le magma est épais et visqueux. Il forme un bouchon qui retient les gaz dans la cheminée du volcan. Les gaz emprisonnés s'accumulent, la pression augmente et le bouchon finit par sauter, projetant violemment les roches, la lave, les cendres et les gaz. Ce sont les éruptions les plus dévastatrices.

Volcan effusif
Dans un volcan effusif, le magma est très liquide, ce qui permet aux gaz de s'échapper facilement. La lave se répand en coulée le long du volcan. Avant de durcir, elle peut parcourir une centaine de kilomètres à une vitesse pouvant atteindre 50 km/h.

Au cœur d'un volcan

Les volcans ont leur source très loin dans les profondeurs de la Terre, là où la température élevée fait fondre la roche. Cette roche fondue, issue du manteau terrestre, s'appelle le magma. En remontant vers la surface, le magma chaud et léger est d'abord stocké dans la chambre magmatique. Avec le temps, il s'accumule, se fraye un chemin à travers la croûte terrestre et s'échappe du cratère. Le magma s'écoule alors sur les flancs du volcan sous forme de lave. C'est l'éruption volcanique.

Un gros boum !

Le 18 mai 1980, le mont Saint-Helens, un volcan situé sur la côte ouest des États-Unis, a connu une formidable éruption ! Ce volcan, endormi depuis 1857, a perdu 400 m d'altitude lorsque son versant nord a été complètement pulvérisé. Apparemment, le bruit de l'explosion a pu s'entendre jusqu'au Canada, à plus de 320 km de là ! Un nuage de cendres couvrant une superficie de plus de 1 500 km^2 s'est alors élevé à 30 km dans l'atmosphère, provoquant une obscurité totale.

Le feu de la Terre

Un peu partout dans le monde, des volcans sont susceptibles de se réveiller et de provoquer de violentes éruptions, parfois même après des milliers d'années de sommeil. Si certaines éruptions volcaniques sont brèves, d'autres peuvent être particulièrement longues. Les volcans ne sont pas répartis au hasard sur la planète ; leur distribution correspond à des zones où l'écorce terrestre est fracturée ou à des endroits où le magma réussit à transpercer la croûte. La ceinture de feu, qui encercle l'océan Pacifique, compte à elle seule près de 80 % de tous les volcans du monde. Ces montagnes de feu sont les seules fenêtres ouvertes sur les matériaux qui composent l'intérieur de la planète. Grâce au travail de surveillance des volcanologues, des scientifiques spécialisés dans l'étude des volcans, il est de plus en plus souvent possible de prévoir les éruptions et de limiter le nombre de victimes en évacuant les populations à temps.

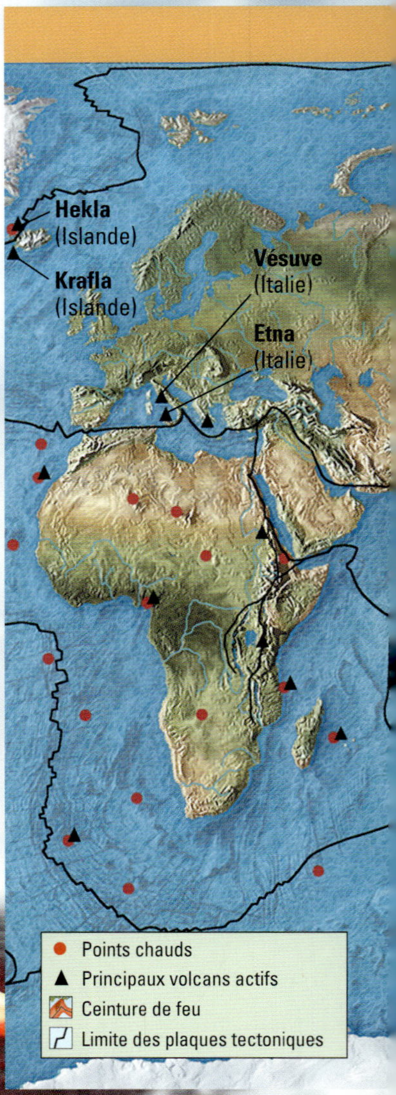

La pointe du volcan

Le plus haut volcan du monde se trouve dans l'archipel d'Hawaii. Il s'agit du Mauna Kea, un volcan endormi qui atteint plus de 9 509 m de hauteur. Mais comme sa base se trouve à plus de 5 304 m de profondeur dans l'océan, on ne voit de la montagne que les 4 205 m qui dépassent le niveau de l'eau. Si le Mauna Kea était posé sur la terre, il aurait 661 m de plus que le mont Everest !

Fissure de Krafla (Islande)
L'Islande est une île située à la jonction de deux plaques tectoniques qui s'écartent l'une de l'autre. C'est une des régions les plus volcaniques du monde.

Pinatubo (Philippines)
La dernière éruption explosive du Pinatubo a littéralement fait éclater le volcan, projetant des cendres et des débris à des milliers de kilomètres.

LA CARTE DES VOLCANS

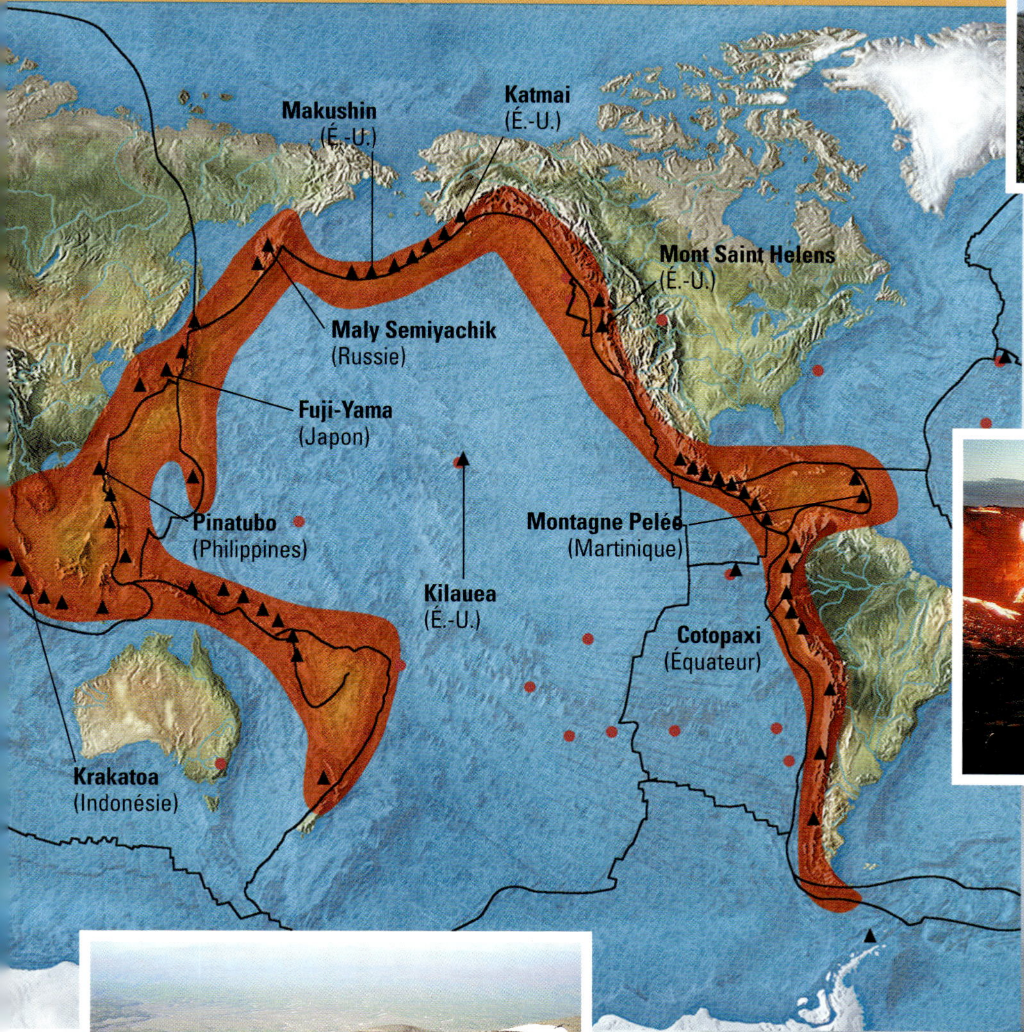

Saint Helens (États-Unis)
Le mont Saint Helens est un volcan aux éruptions explosives. En 1980, son explosion a fait éclater une partie de la montagne.

Kilauea (États-Unis)
Situé sur un point chaud, le volcan du mont Kilauea à Hawaii est en éruption permanente depuis 1983. Il présente un type d'éruption effusive.

Maly Semiyachik (Kamtchatka, Russie)
L'éruption violente du Maly Semiyachik a provoqué l'effondrement de son sommet, entraînant la formation d'un cratère géant nommé caldeira. En se remplissant d'eau, la caldeira s'est transformée en lac volcanique.

Les points chauds
À certains endroits bien précis du globe, des poches de magma provenant des profondeurs du manteau terrestre montent très lentement vers la surface. Ce sont des points chauds. En transperçant l'écorce terrestre, le magma s'accumule et forme graduellement de petites montagnes volcaniques au milieu des plaques tectoniques. Le positionnement de ces volcans montre le déplacement des plaques qui flottent sur le manteau. Au fur et à mesure que les plaques se déplacent, le magma du point chaud traverse l'écorce à un nouvel endroit, créant un nouveau volcan, qui s'éteint peu à peu. Dans les océans, les points chauds créent des alignements caractéristiques d'îles volcaniques. C'est ainsi que se sont formées les îles de l'archipel d'Hawaii en plein océan Pacifique.

Quand la Terre crache de l'eau

L'eau de pluie s'infiltre dans le sol où elle se fraye un chemin en profondeur le long des fissures des roches. À certains endroits, elle est chauffée par le magma bouillonnant du manteau jusqu'à 200 °C. Ainsi chauffée, l'eau de pluie peut alors ressortir par une faille sous forme de geysers, de sources chaudes ou de mares de boue. De toutes ces manifestations propres aux régions volcaniques, les geysers sont les plus spectaculaires ! Provenant d'un mot islandais qui signifie « gerbe jaillissante », le mot « geyser » désigne un phénomène où l'on voit projetés dans les airs d'immenses jets de vapeur et d'eau très chaude. La plupart de ces « volcans d'eau » sont situés dans des régions où le magma est près de la surface terrestre. On les trouve notamment en Islande, en Nouvelle-Zélande et aux États-Unis, dans le célèbre parc Yellowstone qui en compte à lui seul plus de 10 000 !

Formation des geysers
L'eau s'infiltre dans le sol et s'accumule dans un réservoir tout près d'une poche de magma brûlant. Ainsi surchauffée, l'eau se transforme peu à peu en vapeur. La pression s'élève et propulse vers la surface un puissant jet de vapeur. Le jet disparaît lorsque la cavité ne contient plus suffisamment d'eau ou de vapeur. La durée du phénomène varie ainsi de quelques minutes à quelques heures. Avec le temps, le réservoir se remplit à nouveau d'eau et le processus se répète.

Réglé comme une horloge

Le Old Faithful (ou « Vieux Fidèle »), dans le parc Yellowstone, est le geyser le plus célèbre de la Terre. Beau temps, mauvais temps, il crache environ une fois par heure un jet d'eau brûlante d'une quarantaine de milliers de litres pendant à peu près quatre minutes. Ce spectacle naturel se répète fidèlement depuis plus de 200 ans !

Paysages volcaniques

En plus des geysers, l'activité volcanique engendre plusieurs phénomènes. Chauffés par le magma bouillonnant, l'eau et les gaz présents dans le sol composent des paysages surprenants où jaillissent de la boue, de l'eau et des fumées.

Mares de boue

Des gaz remontent à la surface et forment des mares de boue où des particules de roches volcaniques décomposées se mêlent à l'eau.

Sources chaudes

L'eau qui s'infiltre dans le sol près d'une zone volcanique est chauffée par les roches. Lorsqu'elle remonte à la surface, l'eau est très chaude. Plusieurs de ces sources sont reconnues pour leurs bienfaits dans le traitement de certaines maladies.

Fumerolles

Les fumerolles sont des gaz qui s'échappent par un orifice sur la pente des volcans. Ces jets de gaz sortent de la terre en une colonne de fumée et le soufre qu'ils contiennent dégage une odeur qui ressemble à celle des œufs pourris.

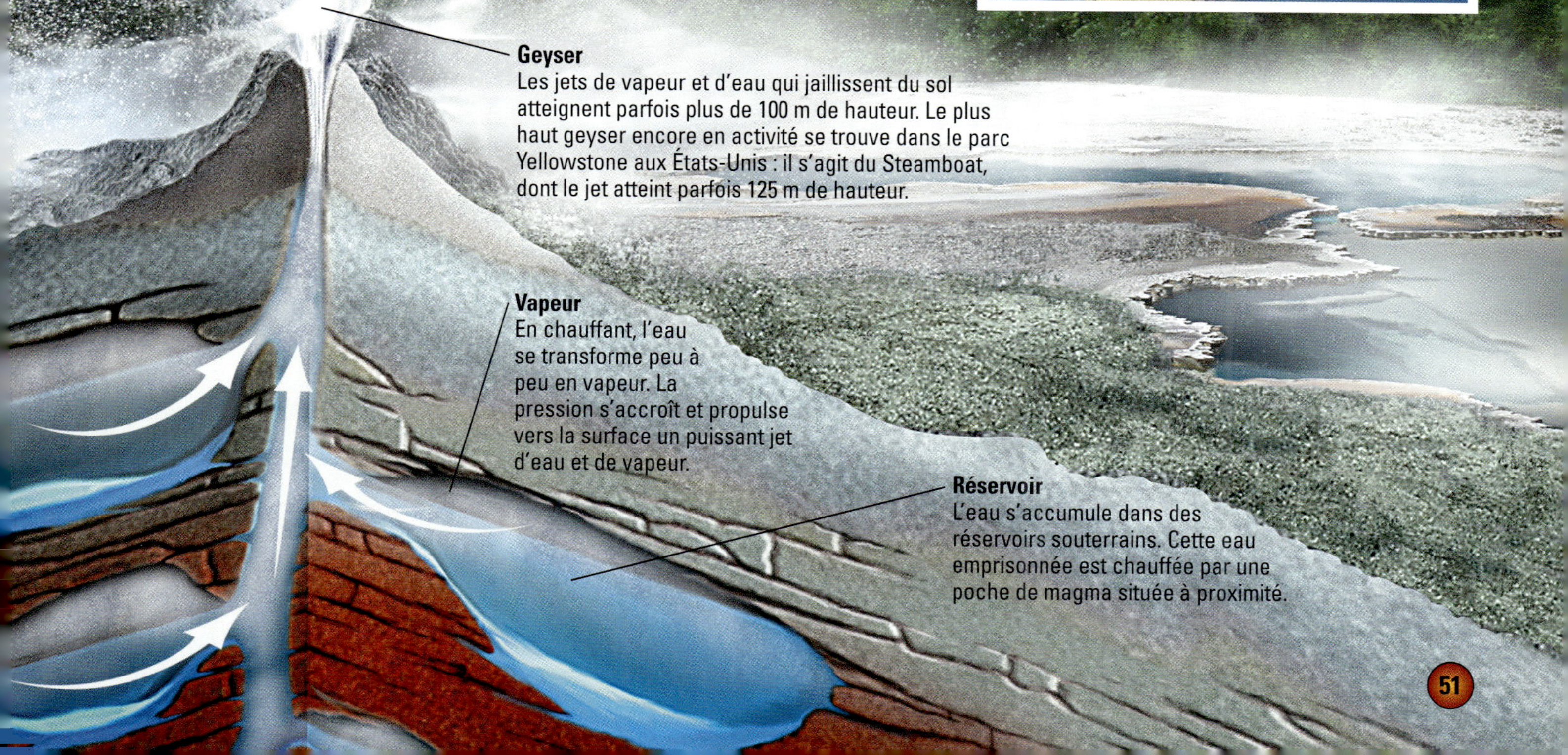

Quand la Terre tremble

Les séismes, communément appelés « tremblements de terre », se produisent lorsque la surface du globe est secouée par une décharge d'énergie issue des profondeurs de la planète. Chaque minute, la Terre tremble quelque part dans le monde… Parmi les nombreux séismes enregistrés chaque année par les sismologues, les experts qui les étudient, entre 5 000 et 50 000 sont ressentis par les populations. Certaines méthodes mesurent l'intensité des séismes en tenant compte de l'ampleur des dégâts matériels alors que d'autres, comme la célèbre échelle de Richter, mesurent plutôt la quantité d'énergie libérée. Lorsqu'ils se produisent en milieu urbain, les séismes causent de véritables désastres. Comme les sismologues ne sont pas encore en mesure de les prévoir avec précision, on peut seulement prévenir les dégâts en construisant, par exemple, des édifices avec des structures qui peuvent vibrer sans se casser.

Une région dévastée

L'histoire de la Chine est marquée par de nombreux séismes dévastateurs… Le pire d'entre eux a eu lieu dans la province montagneuse de Shanxi, au nord-ouest du pays, une nuit de février 1556. On estime qu'environ 830 000 personnes ont péri sous les décombres de leurs maisons alors qu'elles dormaient paisiblement !

COMMENT SE PRODUIT UN SÉISME

Les séismes se produisent habituellement le long des failles de l'écorce terrestre, au point de rencontre de deux plaques tectoniques. La zone souterraine où se produit la rupture est appelée hypocentre, ou foyer.

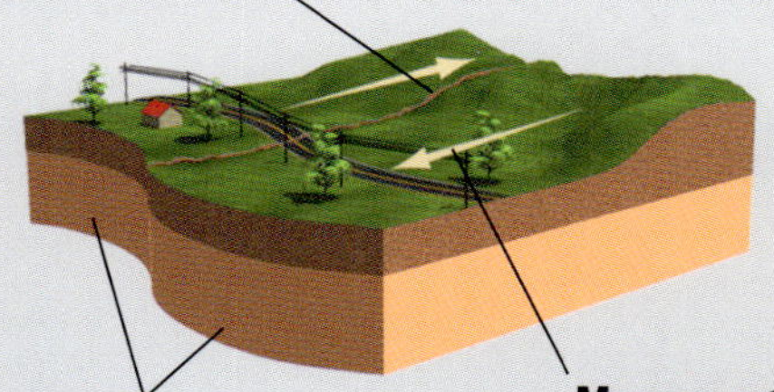

1. Les plaques qui forment l'écorce terrestre se déplacent les unes par rapport aux autres d'environ 1 à 19 cm par année. Leur mouvement comprime et étire la roche, la soumettant ainsi à des tensions considérables. À cette étape, rien ne bouge. Les bords des plaques demeurent l'un contre l'autre pendant que la tension augmente.

2. Lorsque la tension devient trop grande, une soudaine rupture se produit sous terre, entre les deux plaques. Une immense quantité d'énergie est alors brutalement libérée, produisant une série de secousses de l'écorce terrestre. Ces secousses, appelées ondes sismiques, franchissent de grandes distances, provoquant des vibrations dans les roches jusqu'à la surface. La région située directement au-dessus du foyer est appelée épicentre.

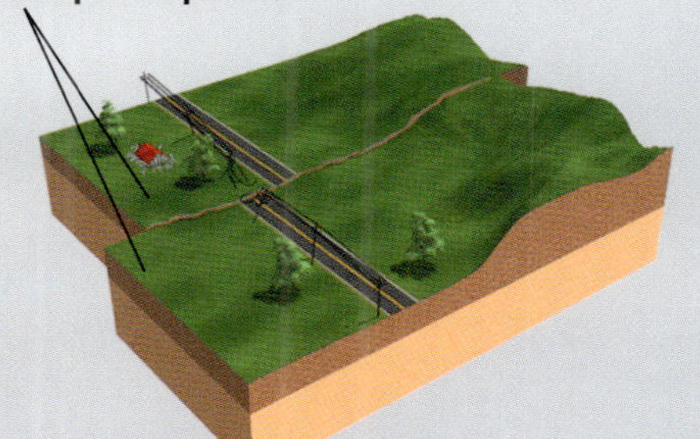

3. C'est généralement dans l'épicentre que le séisme est le plus violent et que les dégâts sont les plus importants. Après le séisme, la région touchée n'est plus la même. Les deux plaques, toujours côte à côte, se sont plus ou moins déplacées. Peu à peu, les tensions recommencent à s'accumuler…

Voir activité p. 74

Un mur d'eau dévastateur

Un tsunami est une succession de vagues gigantesques produites par un accident géologique sous-marin comme un séisme ou une éruption volcanique. Parfois appelé à tort « raz-de-marée », ce phénomène n'a donc rien à voir avec les marées. Des vagues se déplaçant à la vitesse de 600 à 800 km/h naissent de l'onde de choc produite par l'accident géologique. Plus le tsunami approche des côtes, plus sa vitesse diminue mais plus la hauteur des vagues augmente ! En fin de parcours, de gigantesques vagues pouvant atteindre une hauteur de 30 m (l'équivalent d'un édifice de 10 étages) se déversent sur le rivage avec une force extraordinaire et dévastent tout sur leur passage. Ce phénomène naturel est parfois plus meurtrier que l'éruption volcanique ou le tremblement de terre qui l'a produit.

Quand le sol se dérobe

Dans les régions où les terrains sont en pente, il arrive qu'une partie du sol se déplace. De nombreux facteurs naturels peuvent déclencher ces « mouvements de terrain », comme le réchauffement de la température au printemps, les pluies torrentielles, les tremblements de terre et les éruptions volcaniques. En coupant des forêts entières à flanc de montagne ou en construisant de lourdes villes sur des sols peu stables, l'humain peut aussi provoquer des mouvements de terrain importants. Selon l'inclinaison des pentes, la nature des sols et l'élément déclencheur, ces phénomènes se manifestent sous différentes formes, comme les glissements de terrain, les coulées de boue, les chutes de roches ou les avalanches de neige.

Les glissements de terrain
Lors d'un glissement de terrain, une portion complète d'un versant de montagne se trouve entraînée vers le bas sur une distance pouvant atteindre plusieurs kilomètres. Ces mouvements de terrrain se produisent souvent lorsque de fortes pluies tombent en région montagneuse. En imprégnant le sol d'un versant, l'eau s'infiltre en grande quantité entre les particules de terre et de roches, rendant le sol glissant et instable. Une masse de boue ou de roches se détache alors de la montagne et dévale la pente à toute vitesse. Les glissements de terrain provoquent des dégâts considérables : routes barrées, arbres déracinés et maisons détruites. Ceux qui sont déclenchés par les tremblements de terre sont les plus meurtriers.

Les avalanches

Les avalanches sont d'importantes masses de neige qui dévalent le flanc abrupt d'une montagne. En chemin, l'avalanche entraîne avec elle de la boue, de la végétation, des roches et plus de neige, laissant parfois derrière elle un sillage de terrain dénudé. Les avalanches de neige humide se produisent surtout au printemps, lorsque l'adoucissement de la température fait fondre la neige. La neige accumulée glisse alors sur la fine pellicule d'eau formée et se détache de la paroi. Entraînée vers le bas par son propre poids ou par une vibration provoquée par le passage d'un skieur ou un bruit intense, l'avalanche dévale la pente à une vitesse pouvant dépasser les 340 km/h. Même si elles sont parmi les moins meurtrières des catastrophes naturelles, les avalanches font chaque année environ 500 victimes, dont de nombreux skieurs.

Les héros des neiges

Dans les montagnes enneigées, les avalanches sont toujours à craindre. C'est pourquoi des équipes composées de pisteurs, de secouristes, de chiens spécialement entraînés et de leurs maîtres se tiennent toujours prêtes à intervenir dans les stations de ski. Quand il s'agit de retrouver une personne ensevelie sous la neige, le chien se révèle indispensable grâce à son flair exceptionnel et, surtout, à sa grande rapidité. Un seul chien réussit à ratisser en deux heures une superficie égale à celle que couvrent 20 pisteurs en 20 heures !

Trop ou pas assez de pluie

Comme tous les organismes vivants, les êtres humains ont besoin d'eau pour survivre. Ils l'utilisent, entre autres, pour se laver, pour s'abreuver et pour arroser leurs cultures. Malheureusement, la disponibilité de l'eau dépend des précipitations et celles-ci ne sont pas réparties également sur la Terre. Certaines régions reçoivent très peu de pluie alors que d'autres en reçoivent énormément. Avec le temps, la plupart des populations se sont habituées à ces manques et à ces surplus. Le problème se pose en fait lorsque de brusques changements surviennent au moment où on s'y attend le moins. Une inondation se produit lorsque les cours d'eau ou la pluie envahissent des terrains habituellement découverts. Une sécheresse a lieu lorsqu'une longue période de temps anormalement sec épuise les ressources en eau. Ces catastrophes naturelles sont souvent aggravées par l'action des humains. Par exemple, en construisant des routes et des villes asphaltées, l'homme empêche l'eau de s'infiltrer dans le sol. En s'accumulant à la surface, l'eau finit par causer d'importants dégâts.

Les inondations

La crue d'un cours d'eau, des pluies prolongées, une mer déchaînée ou un barrage qui se rompt peuvent provoquer des inondations. Celles qui sont provoquées par un cours d'eau en crue sont les plus fréquentes. La crue est l'augmentation de la quantité d'eau qui s'écoule dans un fleuve ou une rivière à la suite de pluies abondantes ou de la fonte rapide des glaces. Les orages provoquent parfois des inondations inattendues, de même que les pluies diluviennes associées aux cyclones et aux ouragans. En plus de tout détruire sur leur passage, les inondations contaminent parfois les réserves souterraines d'eau potable à cause des déchets de toutes sortes qu'elles charrient. Non seulement l'eau souillée devient impropre à la consommation, mais elle favorise la propagation de maladies qui font à leur tour de nombreuses victimes.

32 000 km de digues !

Les crues du Yangzi Jiang sont redoutables. En 1931, le fleuve chinois a débordé sur les terres environnantes après des semaines de pluie ininterrompue. L'inondation et la famine qui s'en est suivie ont provoqué la mort de plus de trois millions de personnes ! À la suite de cette catastrophe, les Chinois ont construit 32 000 km de digues le long du fleuve et de ses tributaires ! Malgré leur grande efficacité, ces barrières n'ont pas entièrement réussi à empêcher le fleuve de sortir de son lit de nouveau.

La sécheresse

De nombreux pays qui reçoivent très peu de précipitations comptent sur de petites averses pour arroser leurs cultures. Lorsqu'elle dure plusieurs années, l'absence de pluie peut provoquer de mauvaises récoltes et appauvrir le sol à jamais. Dans des régions où la survie des habitants dépend de l'agriculture, le manque de pluie peut être dramatique : la famine s'installe, entraînant la mort de nombreuses personnes. Au cours des 50 dernières années, les sécheresses les plus persistantes et les famines les plus fréquentes sont survenues en Afrique. La sécheresse qui a ravagé des pays comme le Tchad et l'Éthiopie entre 1968 et 1988 a causé la mort de milliers de personnes et forcé des millions d'autres à se déplacer vers des régions plus humides.

L’environnement

Tous les éléments indispensables à la vie, comme l’eau et l’oxygène, circulent à travers les différents milieux de la biosphère. La circulation cyclique de ces précieux éléments permet à la matière et à l’énergie de se transmettre d’un être vivant à l’autre, d’un écosystème à l’autre. Comme tous les organismes vivants, l’être humain fait partie des écosystèmes de la planète. Mais plus que tout autre organisme, il modifie les habitats et produit des déchets qui ne peuvent être décomposés ni recyclés par la nature.

La planète vivante

Les organismes vivants sont répartis dans une mince couche de terre, d'eau et d'air qu'on appelle la biosphère. Cette couche de vie a une épaisseur d'une vingtaine de kilomètres, du point le plus bas de la biosphère, situé sous le fond des océans, jusqu'au point le plus élevé, où s'effectuent les plus hauts vols d'oiseaux. La biosphère constitue un monde complexe où les plantes et les animaux vivent en étroite relation avec leur milieu en échangeant matière et énergie. Cette partie habitable de la Terre se divise en une dizaine de grandes régions naturelles soumises à des conditions climatiques semblables et dans lesquelles vivent des espèces particulières. Ces grandes unités écologiques sont des biomes. La toundra, la forêt boréale, la savane et le désert sont des exemples de biomes terrestres.

Les écosystèmes

Chaque biome terrestre regroupe plusieurs écosystèmes. Un écosystème est constitué de plantes, d'animaux et d'organismes microscopiques qui vivent en étroite relation dans un milieu donné. En plus de dépendre les uns des autres, ces organismes vivants sont intimement liés à leur habitat. Un écosystème peut être aussi petit qu'un bout de bois pourrissant ou aussi vaste qu'un océan. Grand ou petit, il ne fonctionne jamais en vase clos. En plus de recevoir constamment l'énergie du Soleil, il échange toutes sortes de substances avec les écosystèmes voisins. Son équilibre peut être menacé lorsqu'un seul de ses éléments est perturbé. Par exemple, les chenilles d'une forêt peuvent disparaître si les plantes dont elles se nourrissent sont détruites.

De l'énergie perdue !

Chaque maillon de la chaîne alimentaire ne reçoit que 10 % de l'énergie emmagasinée par le maillon précédent. Ainsi, dans une chaîne où des serpents se nourrissent de grenouilles qui s'alimentent à leur tour de sauterelles, il faut 1 000 kg de plantes vertes pour produire 100 kg de sauterelles. Ces 100 kg d'insectes ne donneront que 10 kg de grenouilles, lesquelles ne produiront que 1 kg de serpents. Autrement dit, 1 000 kg de plantes vertes sont nécessaires pour qu'un serpent grossisse d'un seul kilogramme !

LA CHAÎNE ALIMENTAIRE

Les animaux reçoivent leur énergie de la nourriture. Le régime alimentaire varie énormément d'une espèce à l'autre. Plusieurs animaux comme le cerf et le lièvre mangent des plantes. Ce sont des herbivores. D'autres, comme le lion ou le loup, préfèrent la viande. Ce sont des carnivores. Dans un écosystème, tous les organismes dépendent les uns des autres pour se nourrir. On peut considérer ces relations alimentaires comme une série de maillons dont l'ensemble forme une chaîne. Dans la plupart des environnements, les plantes constituent le premier maillon de cette chaîne alimentaire, car elles sont capables de fabriquer leur propre nourriture. La plupart des animaux en dépendent directement ou indirectement. Ainsi, même les carnivores qui se nourrissent d'herbivores dépendent des plantes dont se nourrissent leurs proies.

Herbivore
Les herbivores se nourrissent de végétaux. Leur survie dépend de la nourriture qu'ils puisent dans leur milieu. Les herbivores sont des consommateurs.

Carnivore
La chair des autres animaux constitue la nourriture principale des carnivores. Tout comme les herbivores, ces animaux sont des consommateurs.

Superprédateur
On appelle superprédateur un animal carnivore qui n'est la proie d'aucune autre espèce.

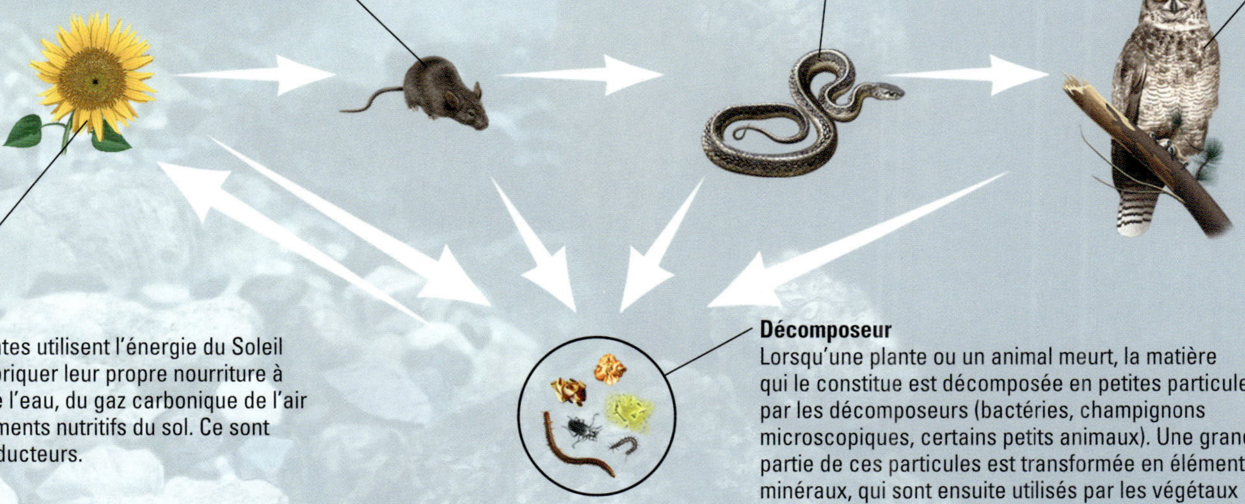

Plante
Les plantes utilisent l'énergie du Soleil pour fabriquer leur propre nourriture à partir de l'eau, du gaz carbonique de l'air et d'éléments nutritifs du sol. Ce sont des producteurs.

Décomposeur
Lorsqu'une plante ou un animal meurt, la matière qui le constitue est décomposée en petites particules par les décomposeurs (bactéries, champignons microscopiques, certains petits animaux). Une grande partie de ces particules est transformée en éléments minéraux, qui sont ensuite utilisés par les végétaux pour se développer.

La planète se réchauffe

Les années 1990 ont été les plus chaudes enregistrées depuis des siècles. Des études indiquent que le mercure pourrait encore grimper de 1,4 à 5,8 °C en moyenne d'ici 100 ans. On sait que certains gaz contenus dans l'atmosphère, comme le gaz carbonique expiré par les êtres vivants, sont capables de piéger la chaleur du Soleil. Ce phénomène naturel, qu'on nomme « effet de serre », contribue à entretenir sur la Terre une température propice à la vie. Certaines activités humaines, comme les industries ou l'usage des véhicules motorisés, produisent aussi des gaz à effet de serre. Relâchés dans l'atmosphère, ces gaz de plus en plus abondants renforcent l'effet de serre naturel, ce qui fait augmenter la température à la surface de la planète. Même si on ignore les conséquences exactes de ce réchauffement global, on sait que les climats de plusieurs régions vont changer, entraînant des modifications d'habitat pour de nombreux êtres vivants, dont les humains.

Conséquences probables du réchauffement
L'équilibre qui existe entre les différents climats de la Terre est si fragile qu'une très faible variation de température pourrait avoir des conséquences considérables. La fonte probable des calottes glaciaires de l'Antarctique et du Groenland pourrait faire monter de façon désastreuse le niveau des mers, submergeant les côtes de plusieurs pays. En libérant de grandes quantités d'eau douce froide au nord de l'océan Atlantique, la fonte de la calotte glaciaire du Groenland pourrait perturber le climat en Europe. Un accroissement de sécheresse pourrait survenir dans les régions déjà arides de l'Afrique et provoquer de graves famines et l'exode de populations entières vers les grandes villes déjà surpeuplées des côtes.

L'ACCROISSEMENT DE L'EFFET DE SERRE

Depuis un siècle et demi, plusieurs activités humaines participent à l'augmentation des gaz à effet de serre dans l'atmosphère. L'agriculture intensive, par exemple, emploie des fertilisants qui libèrent de l'oxyde nitreux, un gaz à effet de serre. Les élevages répandus de ruminants, tels que les bœufs, produisent aussi des quantités de plus en plus importantes d'un autre de ces gaz, le méthane. Les systèmes de climatisation et les réfrigérateurs utilisent des chlorofluorocarbures, communément appelés CFC, qui sont relâchés dans l'environnement lorsque les appareils brisés sont jetés dans les dépotoirs. Enfin, les incendies et les véhicules à moteur émettent du gaz carbonique, tout comme les usines qui brûlent des combustibles fossiles, comme le charbon et le mazout.

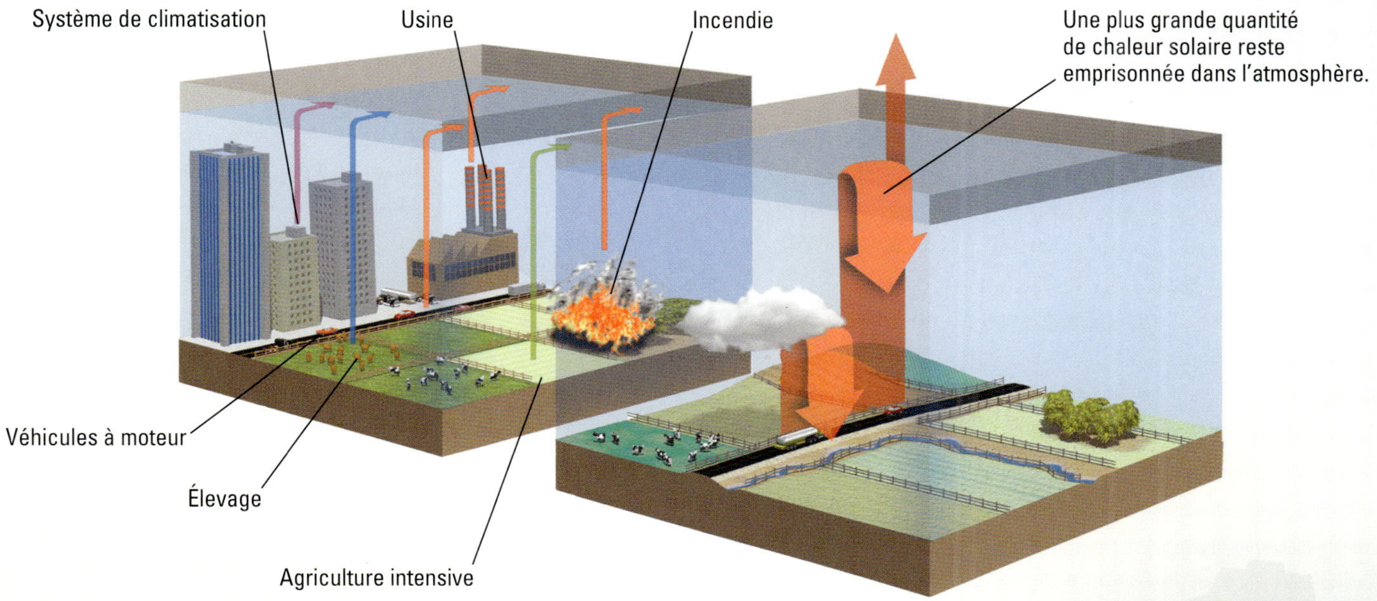

Des villes submergées

Le niveau des mers pourrait s'élever d'environ 1 m d'ici la fin du 21e siècle. Plusieurs milliers d'îles habitées, notamment dans les Caraïbes, l'océan Indien et l'océan Pacifique, pourraient être en partie submergées. De nombreuses régions côtières en Floride, aux Pays-Bas, en Chine et dans les deltas des grands fleuves, seraient également menacées par l'avancée de la mer. Des grandes villes comme New York, Bombay ou Amsterdam pourraient être partiellement submergées.

Les forêts en danger

Depuis longtemps, les humains coupent les arbres pour agrandir les villes, les cultures et les élevages. Encore aujourd'hui, nous continuons d'abattre les arbres en grand nombre pour le chauffage, les constructions et le papier. Pourtant, les immenses forêts sont indispensables à l'équilibre de la vie sur la Terre. En plus de fournir en grande partie l'oxygène que nous respirons et de procurer un habitat naturel à de nombreuses espèces animales et végétales, les forêts protègent les sols. Lorsque les arbres sont abattus en trop grande quantité, le processus de l'érosion se met en marche, contribuant à la désertification de certaines régions sèches du globe.

COMMENT ON CRÉE DES DÉSERTS

La désertification est une des conséquences graves de la déforestation et de l'agriculture intensives. Dans les zones arides, où les températures sont élevées et les précipitations rares, les sols privés de végétation s'appauvrissent rapidement. La sécheresse et les activités humaines ont transformé certaines régions autrefois fertiles en déserts. Le désert du Sahara, qui était encore cultivé il y a de cela 3 000 ans, est un excellent exemple.

1. Dans les régions semi-arides, où il pleut rarement, la végétation sauvage protège le sol contre l'érosion. Les plantes empêchent aussi le sol de s'assécher.

2. La mise en culture et le déboisement de ces zones sauvages rendent les sols plus fragiles et exposés à la pluie et aux vents.

3. Lorsque les champs sont cultivés intensivement, leur terre finit par s'appauvrir. On convertit alors ces cultures en zones de pâturage pour les animaux.

La sauvegarde des forêts

De plus en plus de pays réalisent qu'il est important de sauvegarder les forêts. Il existe de nombreuses techniques de coupe qui permettent de préserver l'équilibre naturel de ces habitats. Plutôt que de raser des forêts complètes, on peut notamment procéder à l'abattage sélectif des arbres, en ne prélevant que quelques individus à la fois, et remplacer les arbres coupés par de jeunes plants. La proportion de forêts que l'on exploite ainsi de façon raisonnable est malheureusement très faible parce que c'est moins rentable à court terme. La déforestation à grande échelle se poursuit donc partout dans le monde. Une bonne façon de contribuer à la préservation de ces précieux habitats est de créer des réserves naturelles et de cesser de gaspiller nos ressources. La gestion responsable des forêts est rentable à long terme parce qu'elle permet de nous assurer qu'il y aura toujours des arbres et des provisions de bois pour le futur.

120 000 km² par année

Chaque année, environ 120 000 km² de forêts tropicales sont rasés, soit l'équivalent d'un terrain de football américain qui disparaît chaque seconde ! Même si elles ne couvrent que 6 % de la surface de la Terre, ces forêts luxuriantes contiennent potentiellement plus de la moitié de toutes les espèces animales et végétales que l'on retrouve dans le monde ! Puisque de nouveaux médicaments proviennent souvent de plantes tropicales et que plusieurs espèces restent à découvrir, il est indispensable de sauvegarder ces forêts.

On estime que 24 milliards de tonnes de sols fertiles disparaissent chaque année dans le monde. À ce jour, une surface de 14 millions de km² a été transformée en désert sous l'action du climat et de l'homme, et plus de 30 millions seraient en danger de désertification.

4. Lorsque la terre est devenue stérile, c'est-à-dire que plus rien n'y pousse, elle est abandonnée par les fermiers.

5. En broutant les dernières petites pousses de plantes, les animaux achèvent la destruction du sol.

6. Totalement asséchée et privée de végétation, la région atteint le dernier stade de désertification. La forêt originale est devenue un désert.

L'équilibre rompu

Les humains sont les êtres vivants qui ont le plus d'impact sur leur environnement. Ils modifient leur habitat pour répondre à leurs besoins davantage que toute autre espèce. Lorsque les ressources deviennent limitées pour une population croissante, les humains agrandissent les villes et les champs cultivés, rompant ainsi l'équilibre naturel du milieu. Plusieurs activités humaines reliées aux industries, aux transports et à l'agriculture engendrent différents types de pollution. Qu'ils soient rejetés dans l'eau, dans l'air ou dans le sol, les polluants ne tardent pas à se disperser dans l'écosystème. La santé et la survie de tous les êtres vivants dépendent non seulement de la bonne volonté des individus, mais de celle des gouvernements du monde, qui devront travailler main dans la main pour lutter contre les causes de la pollution et préserver l'avenir de notre planète.

La pollution de l'eau

Les réserves d'eau de la planète sont de plus en plus polluées par des déchets provenant notamment de l'agriculture, des industries et des égouts. Puisque l'eau circule sans cesse dans l'environnement, elle transporte les polluants qu'elle contient d'une région à l'autre. Par exemple, un pesticide vaporisé au-dessus d'un champ rejoindra vite les réserves d'eau souterraines, se retrouvera éventuellement dans un cours d'eau et finira dans l'océan. Non seulement ces substances toxiques peuvent nuire aux animaux et aux plantes aquatiques, elles peuvent également affecter les chaînes alimentaires, faisant disparaître certaines espèces animales et végétales. Elles contaminent également les humains qui boivent l'eau ou consomment les poissons. Malgré les interdictions, plusieurs pays continuent d'envoyer leurs déchets dans les océans, en plus des six millions de tonnes de pétrole répandues chaque année accidentellement.

La pollution de l'air

Depuis 200 ans, plusieurs activités humaines rejettent dans l'atmosphère des substances polluantes dommageables pour la santé. Les moteurs des voitures et les grandes centrales énergétiques brûlent des combustibles fossibles, tels que le pétrole et le charbon, et laissent s'échapper dans l'air des gaz et des fumées toxiques. Certains polluants participent à la destruction de la couche d'ozone, cette enveloppe gazeuse qui nous protège contre les dangereux rayons ultraviolets du Soleil. D'autres contribuent plutôt au réchauffement global en augmentant l'effet de serre naturel de la planète. D'autres, encore, sont impliqués dans la formation de pluies acides, un phénomène ayant des conséquences désastreuses pour les habitants des lacs et des forêts. La pollution de l'air ne se limite pas aux régions industrielles. La direction et la force des vents peuvent disperser les polluants vers d'autres pays, parfois très loin de la source de pollution.

La pollution des sols

Chaque année, des millions de tonnes de déchets industriels, d'ordures ménagères, d'engrais et de pesticides sont rejetées dans la nature. Plusieurs de ces substances ne sont pas biodégradables, c'est-à-dire qu'elles ne peuvent être décomposées par les micro-organismes du sol. Des matières comme le métal des boîtes de conserve, le verre et la plupart des plastiques s'accumulent ainsi dans l'environnement. Il est donc important de les recycler et de les réutiliser au lieu de les jeter. Par ailleurs, la plupart des polluants non biodégradables du sol proviennent des industries qui rejettent des milliers de substances différentes ! Plusieurs de ces produits hautement toxiques s'infiltrent dans les sols et finissent par rejoindre des cours d'eau qu'ils contaminent. Malgré les efforts que l'on faits pour réglementer l'élimination des déchets et les pratiques agricoles, la contamination des sols ne cesse de s'accroître partout dans le monde.

Des déchets qui n'en sont pas

Dans les pays industrialisés, une famille moyenne produit près de deux tonnes d'ordures par an. Plus de la moitié de ces déchets sont constitués de papiers d'emballage, de métaux, de verre et de plastique qui pourraient être recyclés ou réutilisés. Aussi, près du quart des ordures ménagères sont des déchets de cuisine, comme des épluchures de légumes, qu'on pourrait transformer en compost, un engrais naturel utilisé pour enrichir la terre des jardins et des champs cultivés.

La Terre en chiffres

Diamètre maximal	12 756 km
Circonférence	40 076 km
Volume	1,1 x 10^{12} km^3
Masse	5,9 x 10^{24} kg
Composition de la planète	fer (35 %), oxygène (30 %), silicium (15 %), magnésium (13 %), nickel (2 %), soufre (2 %), autres éléments (3 %)
Longueur du jour	23,95 heures
Longueur de l'année	365,25 jours
Inclinaison de l'axe	23,5 degrés
Superficie des continents	150 millions km^2
Superficie des océans	361 millions km^2
Épaisseur de l'atmosphère	Jusqu'à 1 000 km (la moitié des molécules d'air se concentrent dans les 5 premiers km)
Composition de l'atmosphère	azote (78 %), oxygène (21 %), autres éléments (1 %)
Point le plus élevé	Mont Everest (8 848 m)
Point le plus profond	Fosse des Mariannes (11 034 m)

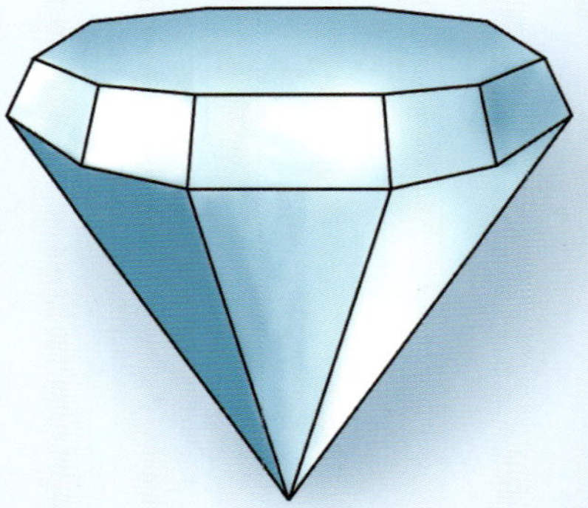

Le plus gros diamant !

Avec ses 600 g, le Cullinan est le plus gros diamant naturel au monde ! Il fut découvert en Afrique du Sud, le 26 janvier 1905, et offert au roi Édouard VII d'Angleterre. On le tailla en 9 énormes pierres et 96 plus petites de la plus grande qualité. Le plus gros et le plus célèbre de ces diamants, le Cullinan 1, aussi appelé l'Étoile d'Afrique, fut serti dans le sceptre du roi.

L'échelle de Mohs

L'échelle de Mohs, qui compare la dureté des minéraux, comporte 10 indices, du plus tendre (indice 1) au plus dur (indice 10). Chaque minéral y est classé selon sa capacité de rayer les autres ou d'être rayé par eux. Par exemple le talc, qui peut être rayé par un ongle, possède une dureté de 1. Il est le plus tendre des minéraux. Le diamant ne peut être rayé que par un diamant. Il est le plus dur de tous les minéraux et possède par conséquent l'indice le plus élevé.

Talc	Gypse	Calcite	Fluorite	Apatite	Orthose	Quartz	Topaze	Corindon	Diamant
1	2	3	4	5	6	7	8	9	10

Les sept continents

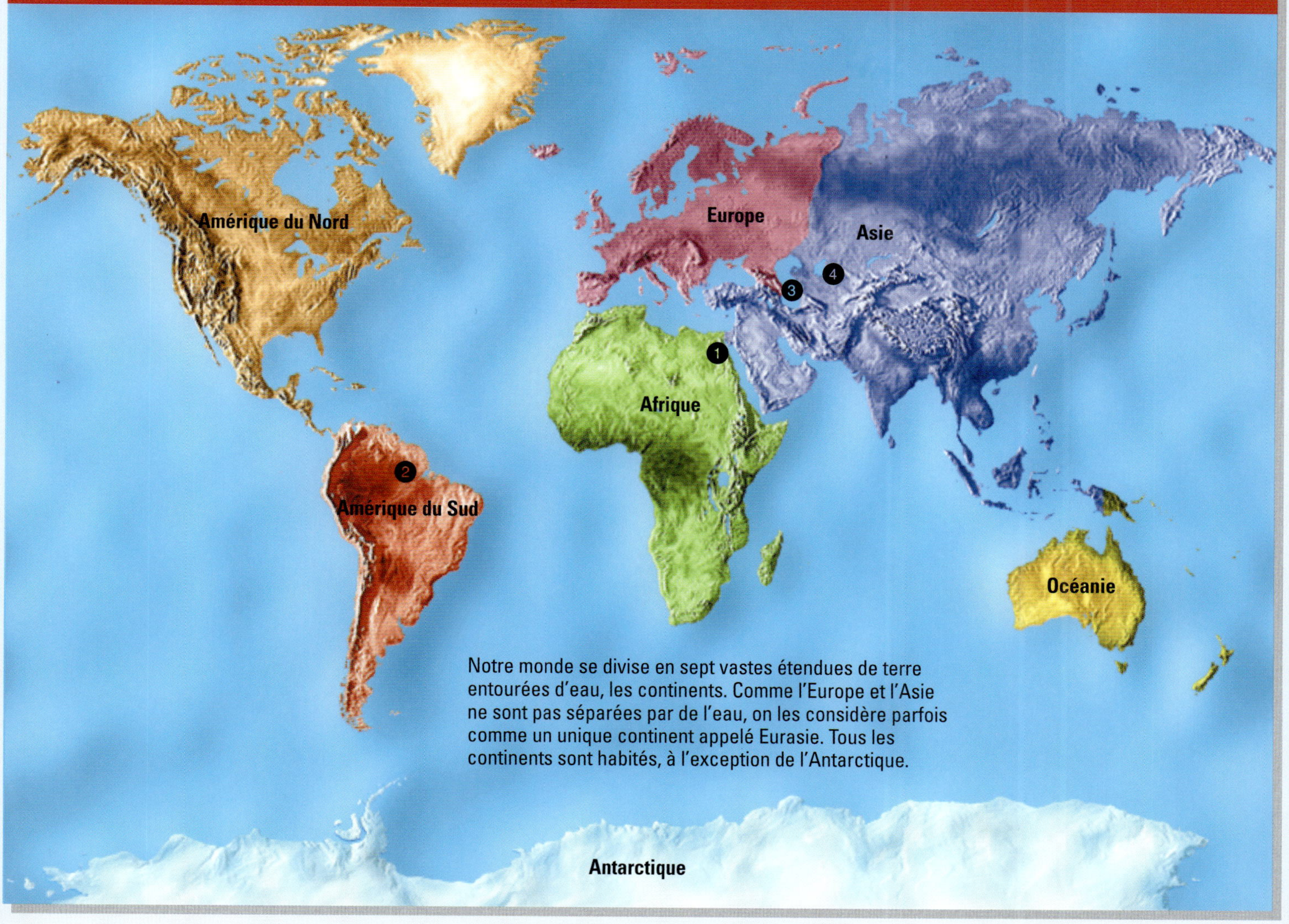

Notre monde se divise en sept vastes étendues de terre entourées d'eau, les continents. Comme l'Europe et l'Asie ne sont pas séparées par de l'eau, on les considère parfois comme un unique continent appelé Eurasie. Tous les continents sont habités, à l'exception de l'Antarctique.

Des records dans les paysages aquatiques

- Le **Nil** ❶ mesure 6 670 km de longueur. C'est le plus long fleuve du monde. Il irrigue le Soudan et l'Égypte par d'importantes crues annuelles.
- Plus de 15 000 fleuves et rivières se jettent dans l'**Amazone** ❷. Avec ses 6 570 km de longueur, il est le plus long fleuve d'Amérique du Sud.
- Trois fois plus vaste que l'État de New York, la **mer Caspienne** ❸ est, de loin, le plus grand lac au monde, avec ses quelque 386 400 km^2 de superficie. Bien que ce lac salé soit situé à l'intérieur des terres, on le qualifie aussi de mer.
- La **mer d'Aral** ❹ est une étendue d'eau située dans une zone désertique au cœur de l'Asie centrale. Elle a déjà été le quatrième plus grand lac au monde, mais parce que les agriculteurs détournent l'eau des cours d'eau qui l'alimentent pour irriguer leurs cultures, plus de la moitié du lac a déjà disparu. La mer d'Aral est maintenant divisée en deux lacs plus petits, avec une superficie totale de moins de 33 800 km^2.

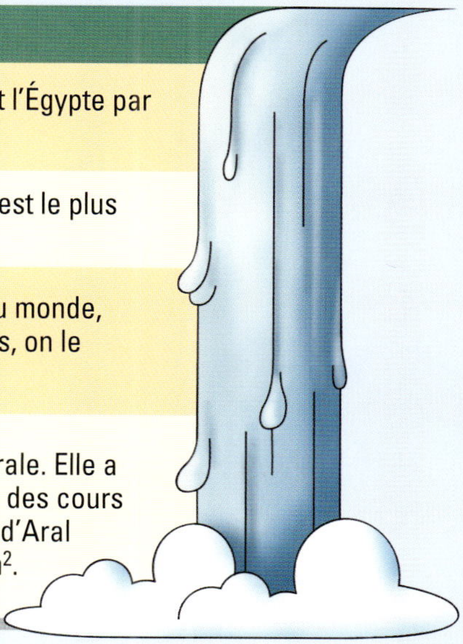

Les plus hauts sommets du monde par continent

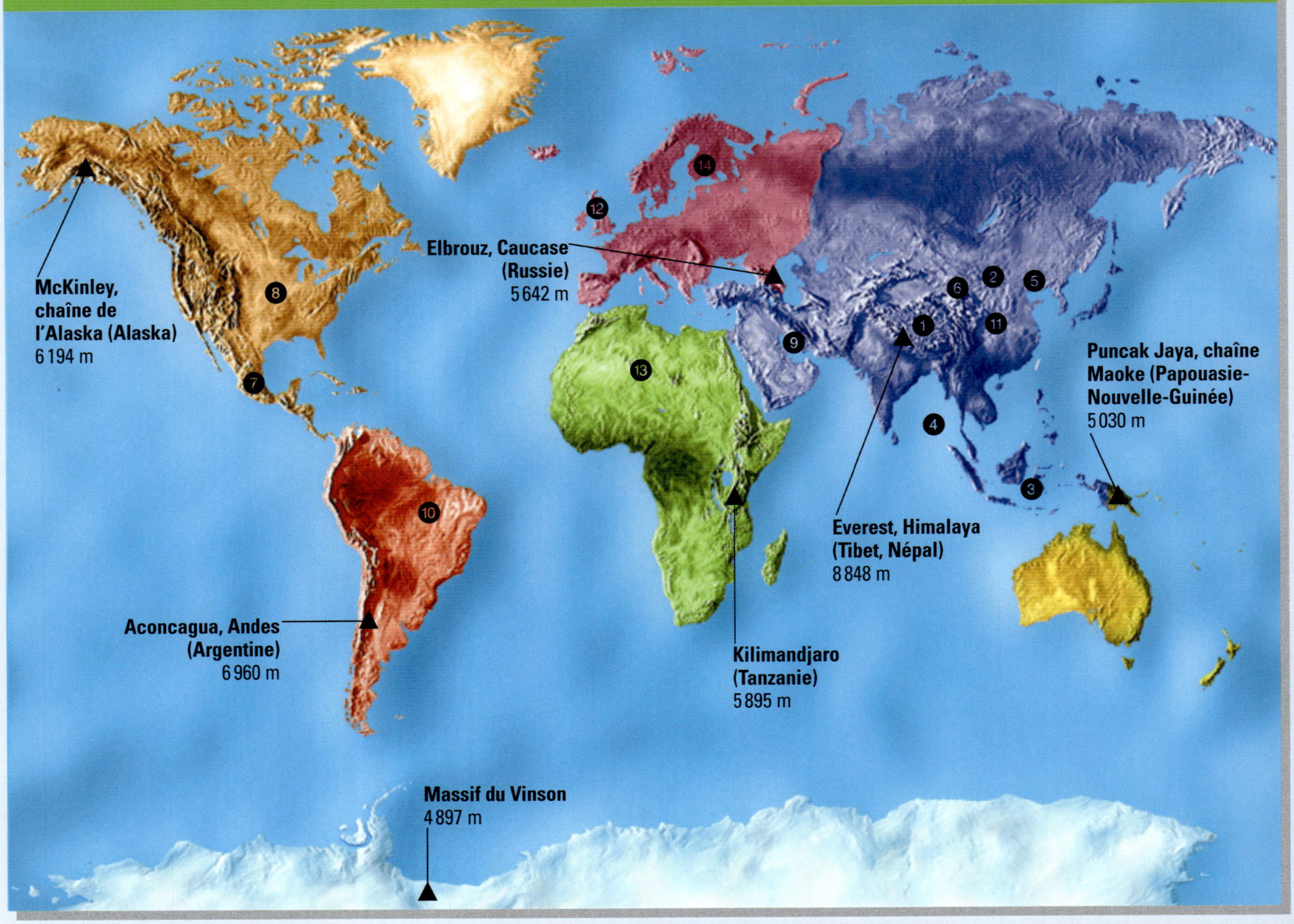

L'échelle de Richter

L'échelle de Richter a été inventée par le scientifique américain Charles Francis Richter. Elle mesure, à l'aide d'instruments extrêmement sensibles, la magnitude d'un séisme, c'est-à-dire la quantité d'énergie libérée par celui-ci. Chaque nombre entier dans l'échelle correspond à 10 fois plus de mouvements du sol que le nombre précédent.

Magnitude	< 2	2 à 2,9	3 à 3,9	4 à 4,9
Nombre par année	> 1 000 000	300 000	50 000	6 000
Effets	Séisme non perceptible, mais enregistré par les instruments locaux	Séisme potentiellement perceptible	Séisme ressenti par peu de gens	Séisme ressenti par la majorité des gens, mais sans dommage important

Les pires catastrophes naturelles

- Les plus grandes avalanches naturelles ont lieu dans la chaîne de l'**Himalaya** ❶. Comme elles ont souvent lieu dans des zones inhabitées, on ignore leur volume.
- L'inondation la plus dévastatrice a eu lieu en octobre 1887 dans la région de **Huayan Kou, en Chine** ❷. Environ 900 000 personnes perdirent la vie lorsque le fleuve Jaune, ou Huang He, sortit de son lit.
- L'éruption volcanique la plus violente de l'histoire humaine est survenue en **Indonésie** ❸, en 1815. En provoquant la mort de plus de 92 000 personnes, l'éruption du Tambora fut aussi la plus meurtrière de toutes.
- Le tsunami le plus meurtrier de l'histoire a eu lieu dans l'**océan Indien** ❹, en 2004, lorsque des vagues mesurant jusqu'à 15 m de hauteur (l'équivalent d'un édifice de 5 étages) dévastèrent les côtes de plusieurs pays dont l'Indonésie, le Sri Lanka, l'Inde et la Thaïlande.
- Le tremblement de terre le plus dévastateur du 20e siècle a eu lieu dans la région de **Tangshan, en Chine** ❺, le 28 juillet 1976. D'une magnitude de 7,8 sur l'échelle de Richter, il enleva la vie à près de 250 000 personnes et causa d'innombrables dégâts.
- Le glissement de terrain le plus catastrophique a eu lieu dans la province de **Kansu, en Chine** ❻, en 1920. Plus de 180 000 personnes ont perdu la vie lorsqu'un tremblement de terre a engendré plusieurs glissements de terrain.

Des records en matière d'environnement

- La ville de **Mexico** ❼, en Amérique du Nord, est la ville la plus polluée au monde.
- Les **États-Unis** ❽ sont les plus gros producteurs de gaz carbonique, un des plus importants gaz à effet de serre.
- Le plus gros déversement de pétrole n'était pas un accident. En 1990 et 1991, lors de l'invasion iraquienne du Koweït, le président de l'Irak Saddam Hussein a donné l'ordre à l'armée de déverser 908 millions de litres de pétrole dans le **golfe Persique** ❾.

- Le **Brésil** ❿ détient la palme de la plus importante déforestation au monde.
- Depuis quelques années, la **Chine** ⓫ est le pays qui replante le plus d'arbres.
- Les pluies les plus acides sont tombées en **Écosse** ⓬ en 1983. Elles étaient plus acides que du jus de citron !
- L'année la plus chaude survenue depuis que l'on note les températures, soit depuis 1880, fut 1998. Cinq autres records de température ont aussi été enregistrés dans les années 1990.
- Avec sa superficie de plus de 8 millions de km^2, le **Sahara** ⓭ est le plus grand désert du monde.

Le Forum économique mondial, ou World Economic Forum (WEF), est une organisation internationale indépendante qui a créé un index pour mesurer les performances environnementales de 142 pays. Cet index se base sur divers critères tels que la qualité de l'air et de l'eau, le changement climatique et la protection des terres. Selon le rapport du WEF pour 2002, la **Finlande** ⓮ est le pays le plus écologique.

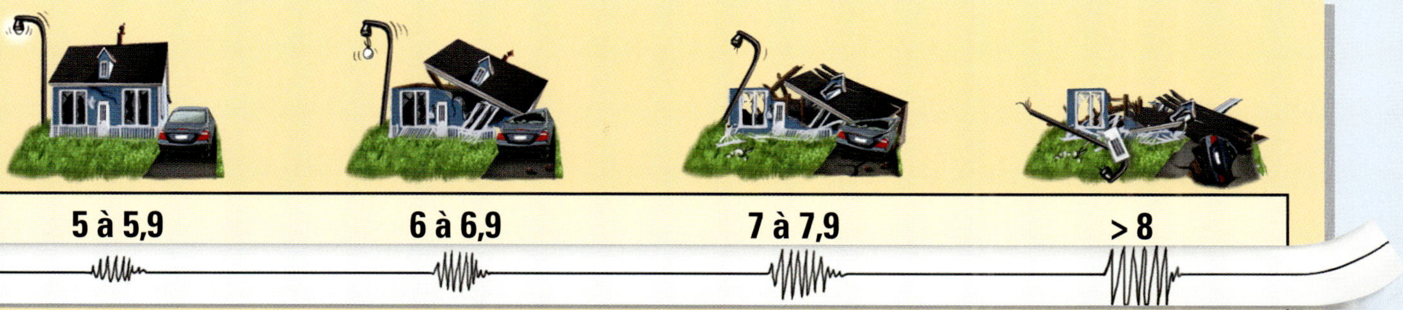

5 à 5,9	6 à 6,9	7 à 7,9	> 8
800	100 à 300	15 à 20	1 à 4
Séisme modéré, quelques dommages causés par les secousses	Séisme important, dommages en zone habitée	Séisme majeur, dommages importants en zone habitée	Séisme très rare, destruction totale en zone habitée

Cartographie et coordonnées terrestres

Représenter la Terre

Depuis longtemps, les humains dessinent de façon plus ou moins détaillée des cartes de leur coin de pays. En perfectionnant leurs méthodes, ils ont réussi à produire des cartes de plus en plus réalistes et à représenter le globe dans sa totalité. Il existe différents types de cartes, notamment la carte topographique, qui représente le relief du terrain, et la carte routière, qui illustre le système routier d'une région. Ces dernières années, la cartographie, soit l'ensemble des techniques destinées à la réalisation de cartes de la surface terrestre, a bénéficié de l'apport des satellites artificiels. En prenant des photos de régions de la Terre difficilement accessibles en avion, par exemple, les satellites artificiels ont permis de dresser des cartes d'une grande précision.

Avant les cartes

Avant l'invention des cartes et des boussoles, les voyageurs s'orientaient par nuit claire en observant la position des étoiles. L'étoile Polaire, par exemple, leur indiquait le nord.

Le monde à plat

La mappemonde est une façon pratique de représenter le monde entier, mais il n'est pas facile de transposer une réalité en trois dimensions sur une surface à deux dimensions : la forme des continents ou les distances qui les séparent sont toujours plus ou moins déformées. Pour dessiner le globe terrestre à plat, les cartographes utilisent des techniques spéciales appelées systèmes de projection. Par exemple, ils représentent parfois les continents comme s'ils se reflétaient sur un cylindre de papier imaginaire enroulé autour du globe. C'est la projection cylindrique qui étire inévitablement les régions polaires. Même si aucun système de projection n'est parfait, plusieurs offrent toutefois un compromis acceptable.

Les premières cartes

La plus vieille carte géographique connue date d'au moins 5000 ans ! Des fragments de cette carte dessinée sur une tablette d'argile ont été retrouvés en Irak, sur le territoire de l'ancienne Mésopotamie.

Des lignes imaginaires

Les géographes ont conçu un système de coordonnées qui détermine l'emplacement de tout point sur la Terre. Ils ont imaginé un quadrillage formé de lignes verticales et horizontales qui recouvre entièrement la planète. Les lignes verticales imaginaires qui partagent la Terre en quartiers comme une orange sont les méridiens. Ils déterminent la longitude d'un lieu, c'est-à-dire sa position ouest ou est par rapport au méridien origine. Les parallèles sont les lignes imaginaires qui divisent la Terre en tranches parallèles à l'équateur. Ils renseignent sur la latitude d'un lieu, soit sa position nord-sud par rapport à l'équateur.

Cercle polaire arctique
Le cercle polaire arctique est le parallèle qui marque la limite sud de la zone arctique.

Méridiens
Les méridiens relient tous les points de la Terre ayant la même longitude.

Tropique du Cancer
Le tropique du Cancer est l'un des cinq parallèles fondamentaux. Le Soleil s'y trouve à son zénith, soit directement au-dessus de ce point, autour du 21 juin, au solstice d'été de l'hémisphère Nord.

Parallèles
Les parallèles relient tous les points ayant la même latitude.

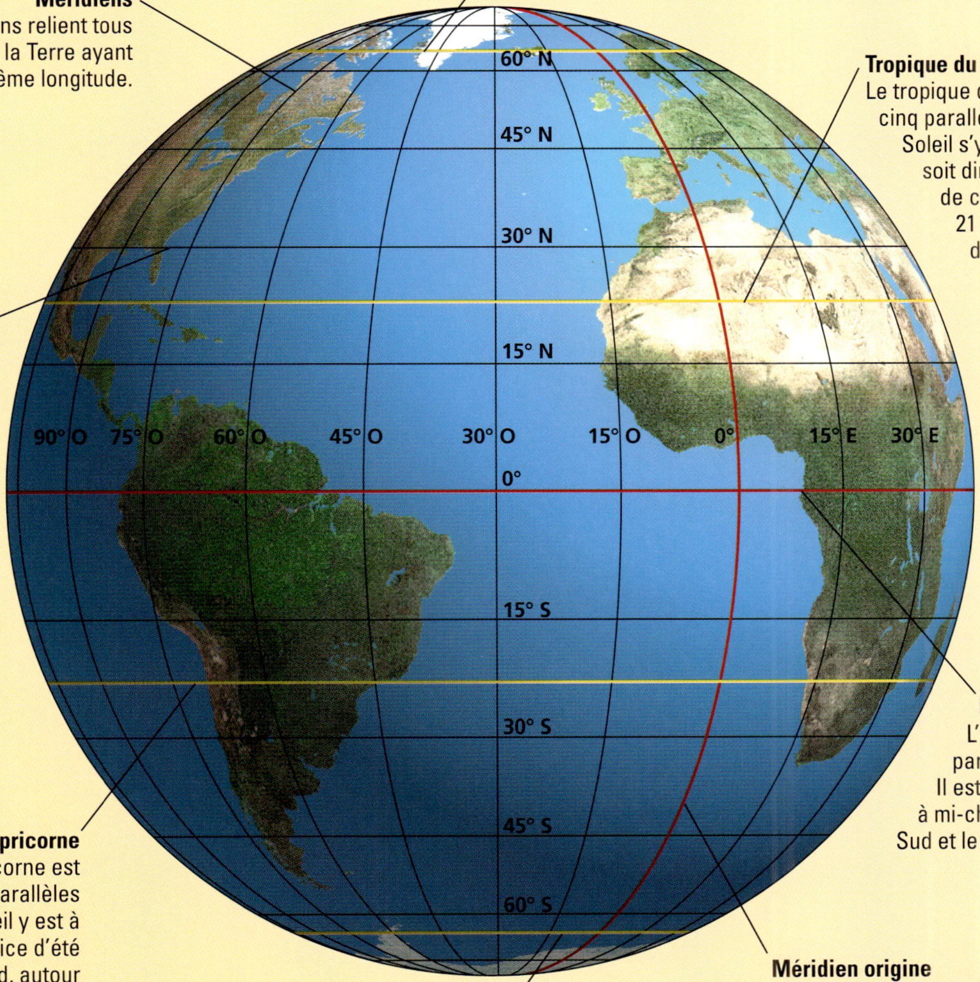

Équateur
L'équateur est le parallèle le plus long. Il est situé exactement à mi-chemin entre le pôle Sud et le pôle Nord.

Tropique du Capricorne
Le tropique du Capricorne est l'un des cinq parallèles fondamentaux. Le Soleil y est à son zénith lors du solstice d'été de l'hémisphère Sud, autour du 21 décembre.

Méridien origine
Le méridien origine sert de repère aux calculs de longitude.

Cercle polaire antarctique
Le cercle polaire antarctique est le parallèle fondamental situé le plus au Sud. Il représente la limite nord de la zone antarctique.

Faire le point

Pour connaître la position d'un lieu, il faut déterminer à quelle latitude et à quelle longitude il se trouve. De la même façon que l'angle de deux rues permet de se repérer en ville, le point de rencontre entre un parallèle et un méridien donne la position exacte de tout endroit sur la Terre. Ces deux lignes imaginaires sont exprimées en degrés (°). Comme les heures, les degrés se subdivisent en unités plus petites : les minutes (') et, pour encore plus de précision, les secondes ("). La ville de New York se situe par exemple à 40°42' N de latitude et 74°01' O de longitude.

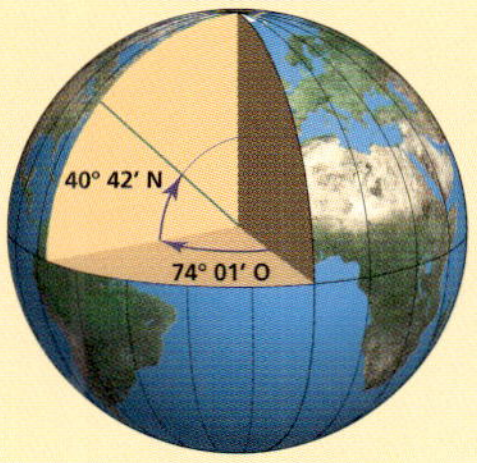

Provoque un tremblement de terre

La gravité des dommages causés par un tremblement de terre ne dépend pas seulement de la force du tremblement de terre, mais aussi du type de sol sur lequel une maison ou une ville est bâtie. Réalise l'expérience suivante et tu comprendras pourquoi.

Matériel nécessaire

- Une petite table
- 2 bocaux transparents
- Du gravier et du sable fin
- De l'eau
- Deux petites voitures (jouets)

Expérience

1. Place les deux bocaux sur la petite table.

2. Remplis le premier bocal de gravier jusqu'à la moitié et place une voiture jouet sur le gravier, à l'intérieur du bocal.

3. Remplis le deuxième bocal de sable fin jusqu'à la moitié.

4. Verse, lentement et délicatement, un peu d'eau dans le bocal de sable pour que le liquide s'infiltre tranquillement entre les grains et atteigne à peu près la même hauteur que le sable.

5. Ajoute environ 1 cm de sable sec par-dessus le sable humide dans le bocal et place l'autre voiture jouet sur le sable sec, à l'intérieur du bocal.

6. Attends une minute sans toucher les bocaux ni la table.

7. Secoue brusquement la petite table de gauche à droite pour créer comme un petit tremblement de terre.

Observe bien

La voiture dans le bocal de gravier n'a pratiquement pas bougé, alors que la voiture dans l'autre bocal s'est brusquement enfoncée dans le sable et l'eau. Le sol rocailleux est beaucoup plus stable que le sol sablonneux humide. Ainsi, un tremblement de terre de même force provoquera plus de dégâts dans une ville construite sur un terrain mou que dans une ville bâtie sur du roc.

Fabrique un fossile

Les fossiles sont des traces ou des restes de plantes ou d'animaux, conservés depuis des milliers, voire des millions d'années ! L'expérience suivante te permet de fabriquer ta propre empreinte de fossile.

Matériel nécessaire

- Une boule de pâte à modeler
- Un rouleau à pâte
- De la vaseline ou de l'huile végétale
- Un petit objet qui sera fossilisé : coquillage, feuille, brindille, os de poulet, etc.

Expérience

1. Aplanis la boule de pâte à modeler à l'aide du rouleau à pâte jusqu'à ce qu'elle ait environ 2 cm d'épaisseur.

2. Enduis le petit objet de vaseline ou d'huile pour qu'il ne colle pas à la pâte à modeler.

3. Presse le petit objet dans la pâte à modeler pour bien l'empreindre.

4. Enlève délicatement l'objet puis laisse la pâte à modeler sécher et durcir.

Observe bien

Le petit objet a laissé sa trace dans la pâte à modeler. Dans la nature, l'animal ou la plante est parfois enfoui dans le sable ou la vase. Au bout de milliers d'années, le sable ou la vase a durci et s'est transformé en roche. L'animal ou la plante a disparu, mais la roche a conservé sa marque, créant un fossile !

Fais naître des montagnes

Un peu comme nous, les montagnes naissent et grandissent ! Réalise l'expérience suivante et tu comprendras comment.

Matériel nécessaire

- 2 vieux livres (assez épais)
- 3 boules de pâte à modeler (de couleurs différentes)
- Un rouleau à pâte

Expérience

1. Utilise le rouleau à pâte pour former, avec chaque boule de pâte à modeler, une mince couche rectangulaire d'environ 1 cm d'épaisseur.

2. Étends les trois couches l'une par-dessus l'autre, comme pour former un sandwich.

3. Place les deux livres à deux extrémités du sandwich (le dos de chaque livre contre la pâte à modeler).

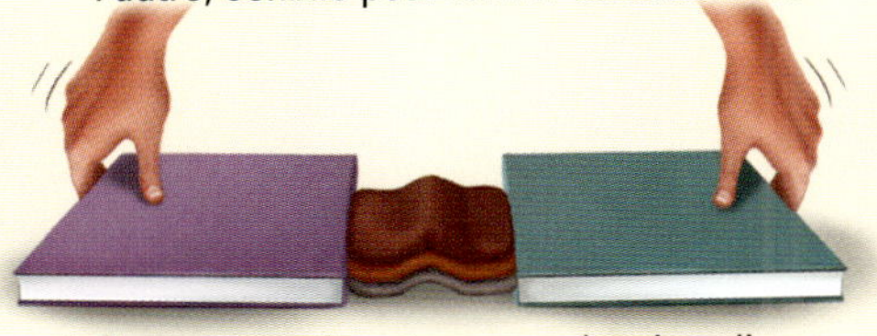

4. Pousse en même temps sur les deux livres pour les rapprocher peu à peu.

Observe bien

La pâte à modeler, qui formait auparavant une couche plate, commence à épaissir et à plisser avec le rapprochement des livres.
La Terre est recouverte de gigantesques plaques qui peuvent aussi se rapprocher. Imagine que la pâte à modeler représente, au départ, une vaste plaine. Avec le rapprochement des plaques, la plaine se plisse tranquillement et finit par former, au bout de millions d'années, de hautes montagnes !

Glossaire

A

Abrasif
Matière qui use, nettoie ou polit d'autres matières par frottement.

Affluent
Cours d'eau qui se jette dans un autre.

Altitude
Hauteur par rapport au niveau moyen de la mer.

Archipel
Groupe d'îles.

Aride
Très sec.

Atmosphère
Mince couche gazeuse qui entoure la Terre et d'autres astres.

B

Biodégradable
Peut être dégradé par les micro-organismes du sol ou de l'eau.

C

Calotte glaciaire
Masse de glace recouvrant de façon permanente un large territoire, en particulier dans l'Antarctique et au Groenland.

Canyon
Vallée étroite et profonde aux parois abruptes, généralement creusée dans un plateau calcaire.

Chaîne de montagnes
Ensemble allongé de montagnes reliées entre elles et orientées dans la même direction.

Champ magnétique
Région à l'intérieur de laquelle s'exerce une force magnétique.

Chlorofluorocarbures (ou CFC)
Gaz dégagés par les fluides des appareils de réfrigération et de climatisation, les solvants et les bombes aérosol, qui endommagent la couche d'ozone de l'atmosphère terrestre.

Climat
Ensemble des conditions météorologiques propres à une région de la planète sur une longue période de temps.

Combustible fossile
Combustible, tel que le pétrole, le charbon et le gaz naturel, qui s'est formé il y a des millions d'années à partir des restes de plantes et d'animaux enfouis dans la roche.

Consommateur
Se dit de tout animal qui se nourrit d'autres animaux, végétaux ou microbes (morts ou vivants).

Couche d'ozone
Fine couche de gaz de l'atmosphère terrestre qui absorbe une grande partie des dangereux rayons ultraviolets du Soleil.

Cours d'eau
Écoulement de l'eau dans un canal, comme un ruisseau ou une rivière.

D

Décomposeur
Organisme qui se nourrit de matière végétale et d'animaux morts, contribuant à leur décomposition.

Déforestation
Action de détruire une forêt.

Désertification
Transformation d'une région en désert sous l'action de facteurs climatiques ou humains.

Diamètre
Ligne droite qui traverse un objet rond en passant par son centre.

Digue
Longue construction destinée à retenir les eaux d'un cours d'eau.

E

Eau douce
Eau très peu chargée en sels minéraux.

Effet de serre
Phénomène naturel et indispensable à la vie sur la Terre dû à des gaz rejetés dans l'atmosphère qui emprisonnent la chaleur du Soleil.

Engrais
Produits ajoutés au sol qui le rendent plus productif pour la culture des plantes.

Épicentre
Point de la surface de la Terre situé au-dessus du foyer souterrain d'un séisme. C'est l'endroit où le tremblement de terre est le plus violent.

Érosion
Lent processus d'usure et de transformation du relief terrestre par des agents naturels comme l'eau, le vent et le gel.

Éruption
Jaillissement de lave, de gaz et de roches d'un volcan.

Espèce
Groupe d'individus partageant des caractéristiques communes, capables de se reproduire entre eux et de donner des descendants qui pourront se reproduire à leur tour.

F

Faille
Fracture entre deux sections de l'écorce terrestre qui se déplacent l'une par rapport à l'autre.

Fossile
Reste ou empreinte d'un animal ou d'une plante ayant vécu en des temps préhistoriques, qui ont été conservés dans les roches sédimentaires de la croûte terrestre.

Foyer (ou hypocentre)
Le foyer d'un séisme est la zone située à l'intérieur de la Terre où se produit la rupture initiale. C'est de ce point que provient l'énergie soudainement libérée à l'origine du tremblement de terre.

G

Gaz à effet de serre
Gaz de l'atmosphère qui emprisonnent la chaleur près de la Terre. La vapeur d'eau, le gaz carbonique et le méthane sont des gaz à effet de serre. La libération dans l'atmosphère d'une grande quantité de ces gaz due aux activités humaines conduit à un accroissement de l'effet de serre et au réchauffement global.

Géologue
Spécialiste qui étudie la formation et la composition de la Terre.

Glaciation
Période géologique pendant laquelle les glaciers recouvrent une grande partie de la surface terrestre.

Gorge
Passage étroit entre deux montagnes.

H

Horizon du sol
Couche de sol caractérisée par une composition et une couleur particulières.

Humus
Partie superficielle d'un sol, constituée de substances résultant de la décomposition de matières animales et végétales.

I

Inlandsis
Immense calotte glaciaire recouvrant en permanence le sol des régions polaires.

L

Lave
Magma parvenu à la surface. En refroidissant, la lave se solidifie pour former une roche volcanique.

Lit (d'un cours d'eau)
Creux naturel du sol occupé par un cours d'eau.

M

Magma
Mélange épais de minéraux en fusion, plus ou moins liquide, provenant des profondeurs de la Terre.

Méandre
Sinuosité que décrit un cours d'eau coulant sur un terrain à faible pente.

Minerai
Roche dont on peut extraire des substances précieuses ou utiles, comme les métaux.

Minéraux
Substances naturelles non vivantes qui entrent dans la composition des roches.

Moraine
Roches ou autres débris entraînés et déposés par un glacier.

O

Orogenèse
Processus de formation des montagnes.

P

Paléontologue
Spécialiste qui étudie les fossiles.

Plateau
Étendue de terre relativement plate, qui se distingue de la plaine par son altitude plus élevée que les régions environnantes.

Producteurs primaires
Organismes, tels que les plantes et les algues vertes, produisant leur propre nourriture et dont plusieurs constituent une source de nourriture pour d'autres organismes.

R

Réchauffement global
Augmentation graduelle de la température moyenne de la Terre.

Roche
Matière dure composée d'un assemblage de minéraux.

S

Sédiments
Matériaux solides ayant été arrachés à leur milieu d'origine par un agent d'érosion et transportés par l'eau, la glace ou le vent en un autre endroit. Les restes d'organismes vivants peuvent aussi former des sédiments.

Sismologue
Spécialiste de l'étude des tremblements de terre.

Spéléologue
Spécialiste qui étudie les grottes et les rivières souterraines.

Stalactite
Colonne de calcaire qui se forme à partir de la voûte d'une grotte.

Stalagmite
Colonne de calcaire qui s'élève à partir du sol d'une grotte.

V

Volcanisme
Ensemble des manifestations volcaniques.

Volcanologue
Spécialiste qui étudie les volcans et les autres phénomènes volcaniques.

Index

Caractères gras = Entrée principale

Crédits photos

Page 16, coupe à blanc : Alex Mosseler
Page 26, climat tropical : Caroline Fortin
Page 27, climat de montagne : Corbis/Magma Photo
Page 27, climat subpolaire : Ronald Sladky
Page 27, climat tempéré : Lukasz Gumowski
Page 27, climat subtropical : Eric Sustad
Page 27, climat désertique : Jacques Bouchard
Page 31, érosion : Franz Bauer
Page 35, marais : Corbis/Magma Photo
Page 36, Appalaches : Suzanne Wiliams
Page 41, glacier : Corel
Page 48, mont Pinatubo : Alberto Garcia/Corbis/Magma Photo
Page 48, fissure de Krafla : Mats Wibe Lund
Page 49, Kilauea : U.S. Geological Survey
Page 49, mont Saint Helens : Glenn T. Space
Page 49, Maly Semiyachik : Andrei Stepchuk
Page 51, mare de boue : Daniel López Pino
Page 51, source chaude : John Harbison
Page 51, fumerolle : David Eggleston
Page 53, tsunami : Pacific Tsunami Museum Archives/Fumiko Hata Collection
Page 54, glissement de terrain : Neil Moomey
Page 55, avalanche : Corbis/Magma Photo
Page 57, sécheresse : S. Colvey/CRDI
Page 62, Venise, Italie : Michel Bergsma

Mesures

Plusieurs unités de mesure du livre sont inscrites sous une forme abrégée. Voici le tableau explicatif de ces abréviations ainsi qu'une table de conversion.

Abréviations		
cm	=	centimètre
m	=	mètre
km	=	kilomètre
km/h	=	kilomètre à l'heure
km/s	=	kilomètre par seconde
l	=	litre

Table de conversion

Métrique	Impérial
1 cm	0,39 pouce
1 m	3,26 pieds
1 km	0,62 mille
10 km	6,21 milles
100 km	62,14 milles
1 kg	2,20 livres
1 l	0,26 gallon